如果文物會說話

打開博物館大門，看懂中國歷史

張經緯　著

時間示意與文物代表

舊石器時代（約五萬年前）	石器
新石器時代晚期（約五千年前）	玉璧、玉琮
商周（約西元前 1600—西元前 221 年）	青銅鼎、青銅劍
秦、西漢（西元前 221 年—西元 8 年）	博山爐
東漢（西元 25 年—西元 220 年）	和林格爾漢墓壁畫
魏晉（西元 220 年—西元 420 年）	書法
北朝（西元 386 年—西元 581 年）	石窟佛像
唐代（西元 618 年—西元 907 年）	茶葉、瓷器
宋代（西元 960 年—西元 1279 年）	山水畫
元代（西元 1271 年—西元 1368 年）	江南園林
明代（西元 1368 年—西元 1644 年）	硬木傢俱
清代（西元 1636 年—西元 1911 年）	藍染布

目次

前言　在博物館重新發現中國

各位即將打開的這本書，是我近十年在博物館中探索、發現的一點心得體會。在這段寶貴的工作經歷中，我親手接觸過數以千計的文物，每年都要進行許多次對一般大眾的解說，還在各種媒體平台寫作了許多向大眾普及博物館知識的作品。

隨著我與觀眾、朋友不斷地接觸、交流，許多想法逐漸在我的腦海中浮現、昇華。把文物和歷史脈絡結合起來，打破兩者之間若即若離的關係，成為我追求的目標，而這本書就是朝著這個目標進行的一次嘗試。在書中，我更加注重文物背後的歷史脈絡，力圖把深藏在博物館中冷冰冰的文物，用立體、動態的方式呈現給大家，同時通過文物來理解歷史，串聯起一個簡明的「中國史」脈絡。

博物館是充滿文物和知識的好地方，大家都喜歡去博物館看展覽，從那些古代藝術品當中，吸收知識養分，獲得思路靈感。博物館也是高雅、有情調的地方，能給每個參觀者帶來穿越時空、和古人交流的體驗。但是，我要問一句：你真的可以拍著胸脯保證，你在博物館裡全都看懂了嗎？

在中國的博物館裡有很多展品，比如，玉器、青銅器、書法、繪畫、古籍，還有古人用過的瓷器、傢俱、服裝，甚至武器裝備、車馬鞍轎等器具。看到這些古代藝術品的第一眼，我們會覺得太漂亮了，太精美了，這些都是了不得的「寶貝」。可是，在看第二眼、第三眼的時候，如果你還是只能說出這樣的形容詞，或許就會覺得，似乎少了些什麼。我們的頭腦中是不是還應該再想到一些什麼，再說出一些什麼看法呢？

這種「話在心頭口難開」的感覺不是你的錯。因為我們的博物館過去總是告訴你：古人創造了什麼。但是，它忘記告訴你幾件更重要的事情——古人為什麼要創造這些藝術品？古代的藝術家，在什麼樣的歷史背景之下，創造了我們今天看到的這些藝術瑰寶？這些文物又如何參與了古人在歷史中的活動，見證了一個又一個重要的歷史時刻？如果知道了這些，面對它們你也許就不會再有一種無法觸摸的距離感了。它們在你眼中也就不再是一件件孤零零的藝術珍寶，一個個扁平化的對象，而真的成為歷史脈絡中生動、活躍的見證者了。

我想分享給大家的就是這樣的一些知識。我可能不會就某一件藝術品，談論它的製作技法（比如深雕還是淺刻），也不會奢談它的美學價值，更不會給出它的市場價值（這是我們博物館人眼中對待文物最拙劣的方式）。我想要讓大家知道，這些博物館中的藝術品，首先是我們的先民在歷史上創造出來的「有用之物」。他們曾經使用過這些物品，通過交換這些物品，古人可以建立友誼、結成婚姻，推動人口的增長、文化的演變。只不過，它們中的一小部分，有幸在歷史長河中經歷了千百年仍得以保留下來，進入博物館裡，讓更多的人瞭解古人的所思所想。

這樣的基本思路，也來自我本人的人類學經歷。人類學家研究物品的歷史時，不願將其單純地視作「寶物」、「珍品」，或是歷史名人的遺物，而更願意將其還原為和每個人平等的人類文明的證據。在我的第一部著作《四夷居中國：東亞大陸人類簡史》中，我曾嘗試將古代物質文化的創造過程，作為解讀歷史上人類活動的重要視窗，讓讀者更清晰地看到物品背後的生產—消費機制對人類文明的推動作用。

現在，我希望能將這種嘗試進一步延伸。因此，我在本書的每一章裡，都會從博物館收藏的一種具體門類入手，結合文物的時代特徵，把文物和歷史的聯繫呈現給大家；同時，兼顧中國歷史上的不同階段，從史前文明開始，沿襲約定俗成的歷史朝代劃分，按時代順序講述與之對應的文物往事。具體來說，每章開頭會介紹這個時代的基本資訊，接著描繪某一類物質文化製品的創造之路，並且展開圍繞這些製品發生的歷史故事，最後帶出此類文物對歷史的巨大回饋。

比如，我們可以通過玉器瞭解中國史前文明的「滿天星斗」，借助青銅重器探索周代的江南，從東漢時期的壁畫中解開鮮卑族崛起的祕密，還可以從唐代的茶葉與瓷器故事中發現「茶馬古道」的蹤跡……

希望這本書能夠成為讀者透視中國歷史的「3D眼鏡」，讓大家從人類活動的角度，看到文物的流動、變遷之路，以及它們對古代社會、國家的深刻影響。從現在開始，博物館裡的每件文物，都不再是靜止不動、沉默無語的，它們將因為你頭腦中鋪設的知識脈絡而活躍起來，伴隨你一同探索古代中國的奇妙世界。

二〇一八年六月十二日

第一章

被玉石改變的遠古中國

從新石器時代開始

中國最古老的時代，是夏、商、周三代，這個時期，古代中國大約進入了有文字記載和有文物證實的時代。記錄這個時期的文字最早的有甲骨文，以及後來慢慢改進的金文。甲骨文是一種刻畫在龜甲或者黃牛扁平的肩胛骨上用於占卜的符號；金文則是後來鑄刻在青銅器上的文字。而甲骨和青銅器，本身也是器物，見證了這個時期人們生活的具體方面。

不過，在此之前，在今天中國的土地上，已經有人類活動了。分子人類學家和古人類學家共同證實，大約在五萬年前，東亞地區就已成為我們現代人類的祖先——晚期智人生活的空間了。我們所熟知的北京周口店山頂洞人，就是他們的代表之一。這些古代人多數會利用火種，切割毛皮，加工堅硬的石頭，比如燧石（一種火山岩）或卵石，製造用於砍、砸、削、刮的器具。這個時代，因為能被考古學家找到的物品大部分是這些石頭（還有少部分是骨頭）的加工品，所以被籠統地稱作石器時代。

大約在石器時代的晚期，也就是距今一萬年左右的時候，由於農作物種植和動物飼養，古人的物質生活變得豐富起來。食物的增多，使得人口數量迅速增長，這意味著人和人之間、人群和人群之間，見面和交流的機會也大幅增加。比方說，當一個地方的人口密度只有二人／平方公里時，這兩個人可能要一個多月才有機會見一次面；可是，當這裡的人口密度上升到二十人／平方公里時，可能一天就能見幾回活人。隨著人群之間交流而來的，是人口的流動（既有婚姻交換，也有類似今天的離鄉工作），這就不可避免地使某些區域成為重要的經濟和文化中心。

今天的考古學家發現了許多當時的文化區域，他們習慣用首次發現的地點來命名，這就有了長江下游的良渚文化、遼河上游的紅山文化、黃河下游的大汶口文化、黃河上游的齊家文化等地方性文化區域。這個時期的人們雖然還在使用石器，但因為各地之間交流的增多，一方面，隨著製陶、耕種這些技術的傳播，人類生活的品質有了穩步提高；另一方面，人類在加工石質器具時，對石頭的材質、加工效果，都有了進一步的要求，所以這個時期，也被稱作新石器時代。

良渚文化獸面紋玉琮，江蘇武進寺墩四號墓出土。

玉器是用來祭祀的嗎？

新石器時代的人們在審美方面有了很大提升，表現出與現代人近似的品味。比如，他們喜歡石質比較透明、硬度比較高的石頭。所以，在東亞地區，新石器時代最顯著的標誌之一，就是開始使用後來廣義上的玉器。畢竟，製作玉器的原料，本質上也是石頭的一種，只不過是石頭中比較好看的一類。中國古代使用的玉石，有軟玉和硬玉之分，前者以角閃石族礦物中的透閃石、陽起石為主，從化學成分來講，是一種含水的鈣鎂矽酸鹽。這些軟玉占了中國史前玉石使用量的絕大部分。硬玉則以輝石族礦物為主，其中的代表翡翠，要到很晚的時代才被中國人所熟悉、使用。

對玉石最熱衷的新石器時代文化，南、北方各有一個代表，南方是良渚文化，北方是紅山文化，都以玉石著稱。兩者之中，又以良渚文化更為顯著。良渚文化首創了許多很有代表性的玉器，包括玉璧、玉琮、玉鉞等。前面兩種是最常見的，玉璧就是一個大圓盤，中間有一個圓形的孔眼，內圈和外圈就像兩個同心圓。玉琮則像一個中空的圓柱體與一個正方體的結合體，早期的還刻有一個頭戴羽毛頭冠的人像俯在一隻神獸上面的徽記。後來同時期的其他地區也開始模仿製作這類玉器，細節就被簡化了許多，到後來只留下一個大致的形象。

不管怎樣，這類玉器雖然和我們後來看到的有具體形象的玉器大相徑庭，但畢竟是中國人使用玉石的最初形態和樣貌，所以後來的人就把這一時期的玉器稱作「高古玉」。不過，這些高古玉給今天的人們留下了一個很大的困惑，就是在石器時代，大家都用這些玉器來做什麼？

過去很多人認為，這些古樸的玉器，要嘛是部落首領權力的象徵，要嘛是巫師溝通神靈世界的器物。[1]《周禮．春官．大宗伯》中提到：「以玉作六器，以禮天地四方：以蒼璧禮天，以黃琮禮地，以青圭禮東方，以赤璋禮南方，以白琥禮西方，以玄璜禮北方。」意思是說，以玉璧、玉琮為代表的六種玉器，分別代表著天、地和東、南、西、北四個方向，合在一起稱作「六器」，也就是六種祥瑞器物。今天的博物館說明牌上通常介紹的「玉璧禮天，玉琮禮地」就是這麼來的。另外還有「六瑞」之說，也是從《周禮．春官．大宗伯》而來的，即「以玉作六瑞，以等邦國：王執鎮圭，公執桓圭，侯執信圭，伯執躬圭，子執穀璧，男執蒲璧」，是說不同級別佩戴不同的玉器，但主要是圭和璧兩種。

然而，現在已有越來越多的學者開始承認，以玉璧為代表的高古玉，其實很可能就是史前人們用來交換物產、部落結盟時所用到的媒介。[2]通俗地講，也就是當作錢來用的。雖然我們沒有新石器時代的直接證據，但稍晚一些時候的記載，可以為我們打開玉器在歷史上最初的記憶。

玉器換忠誠

有關玉器的故事，要從商朝開始說起。商朝前期一直很強盛，但從中後期開始，按照河南安陽殷墟的甲骨文記載，在商朝的西部，差不多是今天的山西西南，汾水下游一帶，出現了很多被稱作「羌方」的人群。羌方給商朝的西部邊境造成了很大壓力，給商朝的邊境安全帶來了很多麻煩。一開始的時候，商朝還能經常擊敗羌方，可越往後，兩者之間的勝負關係就變得越微妙。商朝漸漸不能有把握地保持對羌方的勝率了。

這時在位的商王名叫武乙，他是商代最後一位君主帝辛（也就是紂王）的曾祖父。

武乙當朝的第三十四年，做出了一個重大決定。因為他發現了一個位於陝西西部的部落，看起來很有潛力。戰國文獻《竹書紀年》記載，商王武乙動用「地三十里，玉十玨，馬八匹」，招募了這個部落的首領季歷。雖然商王一年後就在渭水下游戰死，但季歷沒有讓商朝失望，他率領自己的部落，多次從陝西進攻山西南部的羌方，為商朝的邊境安全做出了重大貢獻。後來，「羌方」幾乎就從商代末年的甲骨文裡消失了。這個陝西部落的名字叫作「周」，而季歷就是周文王的父親。

後來，季歷的兒子周文王、孫子周武王和商紂王產生了嚴重的衝突。商紂王囚禁過周文王，最後又被周武王推翻。但不可否認的是，商人和周人一開始的合作還是很成功的。季歷為商王效力多年，被封為「牧師」，這個官職在《周禮》中也有記載，字面上是牧馬官的意思，實際含義可能和後來的大司馬類似。而商王武乙當初之所以能招募到周人部落的首領，可能就是因為他當時送出了一份大禮。古代人少地多，馬匹似乎也不特別稀罕，那麼真正價值不菲的，或許就是文獻裡提到的「玉十玨」。

「玉十玨」就是「十對美玉」。今天中國人取名字，很多人喜歡用這個「玨」字。這個字左「王」右「玉」，古文中，王和玉可以相通，象形字可以視作兩塊對稱的玉石。

在古代，這是玉石數量的一個單位，古人琢玉時，把一塊玉石對半分成兩塊，製成一對對稱的玉璧，合稱一玨。如此看來，這十對玉璧有很高的價值，足以讓季歷為商王效力多年。

玉器作為交換媒介，或者說貨幣，在史前中國的流行推動了歷史的發展。商朝用玉石吸引了周人部落前來襄助，最後又促成了商周之間的交替。換句話說，商王武乙最初就是用玉石購買了周人部落的忠順。玉石拉近了商人和周人之間的距離，這種力量可以在不同人群之間產生非常微妙的相互作用，而玉石在周代，也同樣扮演了非常相似的角色。

穆天子西行之謎

周人取代商人成為古代中國的掌控者後，開始了向東部擴張的腳步。他們的目標是黃淮流域中下游濱海的東夷和淮夷，因為後者控制著古代中國另一種非常重要的礦產資源——銅礦石。

然而，周人在和東南部人群的資源爭奪戰中，並不總能占據上風。西周依靠馬匹和戰車擊敗了商朝，當他們要繼續深入南方，獲取當地資源時，卻遭遇了巨大阻礙。南方泥濘的土地和當地原住民一起，成了馬車強大的敵人。不斷折損的戰車部隊，給周王朝帶來嚴重的打擊，連君主周昭王都在南征中遇難。為了一雪前恥，昭王的兒子穆王決定捲土重來，他的首要任務就是為增強王朝的軍事力量重新購買馬匹。

周穆王，是周代歷史上事蹟最為浪漫的一位君主。他一生的事蹟，除了史籍中嚴肅的記載外，還有一本充滿傳奇色彩的小說《穆天子傳》，該書描寫他乘坐著「八匹駿馬」驅動的馬車一路西征、東征的故事。小說中最引人入勝的地方，是周穆王遇到了一位在瑤池居住的「西王母」，兩人之間以歌唱互答。因為愛聽香豔野史的道聽塗說者越來越多，後來人竟一直以為周穆王駕車西行的主要目的是去找西王母幽會。事實上，他的西行有一項重要任務。

其實周穆王和西王母交往的情節只占《穆天子傳》全書篇幅的百分之一，該書百分之八十的篇幅都是在講周穆王沿途買馬的事情。

當然，買馬需要資金，周穆王出發之後，一開始用黃金向北方部落購買「良馬牛羊」。可是出發沒多久，想來是黃金花得差不多了，他就專門改道前往一座「群玉之山」，「取玉三乘，玉器服物，於是載玉萬只」。也就是說，周穆王開採了大量玉料，裝滿了三輛大車，又讓人用這些玉料加工成上萬只玉璧。

這些玉璧補充了他的西行資金，比如他見到西王母時給她「白圭玄璧」，可能就是用這些玉料加工成的玉璧。更重要的是，這些玉璧在他買馬的道路上起了關鍵作用。依靠這些馬匹，他重新組建了殷八師、西六師中的戰車，為一舉東征掃平了道路。

當然，這些玉璧和玉石，很可能沒有完全用於購買馬匹。就像當年周穆王的祖先因為十對玉璧開始為商朝效力，並最終推翻商人的統治一樣，周穆王用於買馬的這些經費，可能也產生了同樣的後果。利用這些玉璧，周人從西北人群中為自己招募了不少守衛邊境的部隊。後來，也許是因為對周人給出的價格有所不滿，或者因為徵調、派遣的任務過於繁重，總之，西北的犬戎部落第一個起來反對周王。要知道，犬戎可是當年周穆王的買馬路上，最擁護他的群體之一。他們奮起反抗的原因，可能就是周王後來用來買馬的玉璧價格不夠優厚。

最後，犬戎的反抗迫使周王做出調整，開始讓另外一些來自渭水上游的西戎部落，

良渚文化玉璧，武進寺墩一號墓出土。

替代犬戎為王室供應馬匹。從這些西戎的部落中，誕生了後來統一中國的秦國的祖先。

玉石貨幣的最後記憶

說到秦國，有一個非常有意思的故事。中國歷史上大多數時間使用的主要貨幣，就是圓形方孔的銅錢，還因為中間的方孔，又被稱作「孔方兄」。儘管大小尺寸和上面的年號有所不同，但它的基本形狀是一樣的。銅錢就是從春秋戰國時的秦國開始流行的。而秦國之所以鑄造這樣的貨幣，大概是為了紀念改變他們祖先命運的玉璧。

秦國人最初鑄造的貨幣，其實是一種圓形圓孔的圜錢，就像縮小版的玉璧。後來之所以演變成了圓形方孔錢，是因為澆鑄技術出現後，同一批銅錢都是從一個模具中澆鑄出來的。為了集中打磨銅錢的邊緣，中間要插一根用於固定的棍子，圓孔中插的棍子容易滑動，索性就把圓孔改成了方孔。這種純技術的因素，最終確定了圓形方孔錢的形狀。但是，這也難以改變銅錢和玉璧的相似之處。

後來，有人以春秋時期齊國丞相管仲的名義寫了一本書，名叫《管子》。博學多識的管仲在書中告訴我們，其實，隨著銅幣的流行，玉璧這樣比較沉重的支付媒介，在東周時大多已經退出了中原經濟流通的舞台。但至少在當時的甘肅一帶，也就是秦國的大本營，還保留了用「白璧」作為流通貨幣的習慣。在陝北一帶，則流行用「璆琳」、「琅玕」，也就是球狀的玉石作為通用貨幣。這裡就是當年周穆王出征買馬的目的地，所以有這種交易習慣一點也不奇怪。

最後一次大規模作為貨幣使用玉石的記載，大概出現在春秋時代的齊國。當時齊國已經開始使用銅幣，但也沒忘記用玉璧當作交換的支付媒介。《管子》中記錄了管仲的一次計謀：當時齊桓公缺錢，管仲給他想了一個賺錢的辦法，「使玉人刻石而為璧」，按照石璧大小定價，大的千錢，小的五百。齊國還用這種玉璧作為朝拜周王的貢品，結果使天下諸侯的黃金、珍珠、五穀、布匹都流入了齊國。這個故事就叫作「石璧謀」。對管仲來說，玉璧就是更大面額的票據，他發行了兩種，分別是一千面額和五百面額的，通過這種古老的交換方式，帶動了齊國經濟的發展。

對於玉石的貨幣價值，管仲還作了重要總結：「以珠玉為上幣，以黃金為中幣，以刀布為下幣。」這裡說的「刀布」，就是齊國當時通用的銅鑄錢幣，相比珠玉、黃金，它的價值是最低的。怪不得在春秋戰國時代，有那麼多關於玉璧的故事流傳，比如著名的「和氏璧」故事。這些著名的玉石、玉璧，都體現了它們原來的貨幣屬性。

玉石與上古中國的融合

後來的人們因為困惑於玉石的形狀，而忽視了它的貨幣本質。前文提到，《周禮》中以玉璧、玉琮為代表的六種玉器，分別代表著天、地和東、南、西、北四個方向，有所謂「玉璧禮天，玉琮禮地」的說法。但古人究竟是如何用這些玉器來「禮拜」天地的，則無人知曉。

我們換個角度來思考，在比周、商更早的時代，玉石很可能就是流行的貨幣，而且每個地區都有自己的貨幣形制。我們已經說過，後來演變為圓形方孔錢的秦國的圜錢，就繼承了玉璧的形狀。齊國、燕國一帶流行的是刀幣，就是刀形的銅幣，這些刀幣和中國各地出土的石器時代的玉鉞形狀類似。魏國、韓國等中原一帶，流行鏟土工具一樣的布幣，而布幣和以前的玉璋也非常相似，都是在尖端有一對開口。這樣來看，戰國時代各地的貨幣，其實都能找到更早的玉質前身。

這樣，我們也解開了戰國貨幣的另一個難題：為什麼當時出現了圓形方孔錢、刀幣、布幣等這些形狀各異的貨幣？就是因為繼承了早前當地流通的玉石貨幣的形狀。只不過，在冶銅技術出現之後，玉石貨幣讓位給了縮小版的銅幣。這樣來看，《周禮》中說的「六器」對應天、地和東、南、西、北四個方向，其實更大的可能性，是「六器」代表了當時中國東、南、西、北各個區域流行的玉石貨幣的形狀。

商代玉斧，西安長安縣灃西鄉出土。

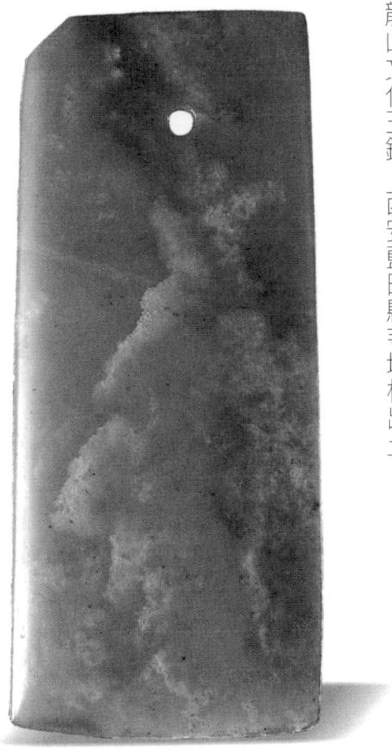

龍山文化玉鏟，西安藍田縣寺坡村出土。

秦代玉璋，西安未央區大明宮公社聯志村出土。

現在，我們來重新審視一下史前時代的中國版圖。作為新石器時代晚期文化的代表，發源於遼河上游的紅山文化，毗鄰今天遼東半島上的岫岩玉產地。陝西的半坡文化，鄰近關中平原南部的藍田玉產地。從中國著名的四大名玉產地來看，岫岩玉的遼寧遼東半島、獨山玉的河南南陽、藍田玉的陝西關中，以及和田玉的新疆和田，都是古代中國經濟最發達的區域。從某種意義上來講，關中、中原、東北等古代經濟地帶，都是從這些史前貨幣原料的產地輻射開來的。

長江下游的良渚，玉料來自附近的江蘇溧陽小梅嶺古玉礦，並不屬於四大玉產地，但是，良渚文化以其對玉璧、玉琮等玉石交換媒介的推崇，在很大程度上領導了新石器時代古代東亞的經濟往來。

在浙江餘姚瑤山、反山的典型良渚文化墓地中，死者身上往往堆滿了大大小小的玉璧、玉鉞，頭上、腰上的空隙位置則放了玉琮。[3]我們可以想像一下死者下葬時的情景，這麼多玉璧，從頭到腳鋪滿了他的全身，身體表面能放的地方幾乎都放了。

也許古代中國人和現代中國人有一樣的大腦迴路，會用相似的方式對待死者。就像現在流行的盜墓探寶小說裡寫的那樣，漢唐宋元王公貴族的墳墓中，有大量金銀財寶隨葬，而今天我們給死者陪葬的，也少不了金箔、銀箔，那麼我們可以猜想，在良渚文化土墩墓裡隨葬的玉璧，應該也是出於同樣的用意。

這些玉璧不僅出現在良渚的古墓中，而且隨著良渚文化與北方大汶口文化、江漢流域石家河文化、中原的廟底溝文化等的交流而廣泛傳播，在當地產生了類似的本地製品，發揮了相仿的作用。

由此可見，從史前時代開始，玉璧、玉琮、玉鉞、玉錛等古老石質貨幣的使用，加強了中國境內各區域的聯繫，為各地逐漸連成整體，發揮了不可忽視的作用。

現在，我們已經有了一種審視玉器的全新視角。世界上許多國家和民族，都有各自崇尚的寶物。中亞阿富汗一帶的人喜歡青金石，印度人喜歡紅寶石、藍寶石，非洲人熱愛鑽石。這些罕見而堅硬的「石頭」，都為當地古代文化提供了經濟發展的動力。玉器對於中國人也一樣。

在中國的史前時代中，玉石扮演了溝通不同地區古文化的重要角色。儘管這些造型各異的玉石讓後來者感到困惑，成為「禮天禮地」的六器，但是在古代文獻中，仍然留下了許多蛛絲馬跡，指引我們發現玉石的真相。

良渚文化玉殮葬，江蘇武進寺墩三號墓出土。堆積在遺體表面的玉璧、玉琮讓我們聯想到後世中國金銀隨葬品之豐盛。

作為貨幣的高古玉器，參與改寫了商王武乙和周穆王的基業。古代王朝通過玉石既能得到外援，又能購買到馬匹。我們還可以進一步思考一下，這些王朝的衰落，是不是也和玉石產量下降導致的經費不足有關呢？

後來，隨著金屬冶煉技術的提高，早期中國在商周時期進入了青銅時代，玉石與其他石器一同退出了交換流通的舞台，留下墓葬中那些迷人而耐人尋味的「禮器」。當然，一同留下的，還有戰國時代那些源自早期玉器造型的銅質貨幣。

雖然玉石的貨幣功能衰退了，但它本身作為裝飾性珠寶的一面，隨著玉石採礦業的延續，發展出了新的方向，成為文明史以來中國最具觀賞價值的工藝品。玉石以貴重的玉質器物的形式，成為傳世珍寶。

今天的玉器收藏愛好者可以這麼思考：你所收藏的各種形式的玉器，之所以具有極高的收藏價值，是因為它們最初就是可以流通、用來兌換重要物資的交換媒介，它們還改變了石器時代一直到商周王朝的歷史。

告別了玉器和石器，中國就進入青銅時代。在下一章，我們將一同探索改變古代中國的另一項重要文物——青銅器。我們知道青銅器歷來都是中國之重寶，但很少有人知道，它們的原料就來自古代江南這個巨大的礦區。這些銅礦料的流動，為秦國和楚國的未來鋪設了命運的軌道。

1 楊伯達，《巫玉之光：中國史前玉文化論考》，上海古籍出版社，二〇〇五年，第二五三至二五四頁。
2 劉森淼，《玉璧作為一種上古貨幣》，收入《湖北錢幣專刊總第一期》，一九九九年。
3 林東華，《良渚文化研究》，浙江教育出版社，一九九八年，第四五一至四五五頁。

第二章

隱藏在青銅器中的周代興衰

商周文明的標誌

中國歷史最早有文字記載的文明階段，就是商周時期。

學術界對「文明」的界定有一些標準。比如，考古發現，當時城市的遺址顯示城市範圍內存在各種功能的分區，就說明當時已經具備了國家的基本要素。有了國家，至少就證明，當時的人類不是三三兩兩、三五一群的小規模群落，而是進行社會分工的大規模群體。人們不再只是滿足於覓食、交配這些基本需求，而開始有了更大也更複雜的精神需求。

當然，更重要的是，當時發生的一些事情，被人們以符號的形式記錄了下來。通過對這些符號的研究，我們發現這個時期的中國開始有了文字。在這些記錄中，圍繞具體人物的事蹟則體現了歷史的進程。拿商代來說，二十世紀初在河南安陽發現的甲骨文，不但證明了商代的真實性，更重要的是，提供了商朝活動的重要史實。

接下來的周代，原本就有後世的文字記載，又通過考古發現，大量周代青銅器上刻有銘文。這些文字因為刻在金屬表面，所以被稱作「金文」。周代青銅器上的金文在字數上遠超過商代（商代青銅器一般只刻有器物主人的名字，很少有長篇大論），而且都是時人為記錄某一具體事件而作，給我們瞭解這個時代提供了第一手材料。

半開玩笑地講，去博物館裡看青銅器，要判斷它們的價值，除了那些形狀特殊、造型罕見的以外，就靠兩個標準——一個是體積越大價值越高，另一個是字數越多越有價值。字多價高，很好理解，器物上的金文為商周時期的歷史世界提供了獨一無二的細節紀錄；器物大小決定價值，則是因為銅礦原料在當時是非常重要的珍貴資源，人們捨得花費大量材料製作器物，說明這件器物在當時就具有不菲的價值。而且這些經過了複雜程序加工製成的器物，本身就代表了當時最先進的科技水準，體現了文明所賦予的力量。

這也是為什麼博物館裡只要力圖呈現商周時代的文明，就要擺放一堆青銅器。當然，另一個原因是，這個時代畢竟離今天已有四千年之久，有機物歷時久遠，糟朽腐壞得已經差不多了，唯有這些青銅器歷久彌新，保留了當年的神韻。所以不瞭解青銅器，也就無從瞭解商周文明的底蘊。

青銅器原料之謎

要瞭解青銅器，即便熟知器物的形狀，可以通篇翻譯金文的內容，如果不清楚一個重要環節，那你對青銅器還遠遠稱不上是真正的瞭解。這個關鍵環節，就是青銅器的原料來源。

在解決這個問題前，我們需要先回答一個問題：什麼是青銅器？青銅器就是用銅、錫、鋅這三種金屬的合金製成的器物。純銅的顏色是紅色的，性質比較軟，加入另外兩種金屬，不但增加了銅的硬度，也改變了它的光澤。其中，銅是主要成分，占百分之八十；錫占百分之十多一點；鋅很少；有的還包含一些鉛。青銅器剛製成時的顏色，是比黃銅色還淺一些的金黃色，光澤度非常好。只不過因為埋藏在地下，時間久了經過氧化，出土時變成了銅綠色，才有了青銅這個名稱。如果進行除鏽處理，還是可以還原成黃澄澄的色彩的。

在中國歷史上，青銅器主要出現在商周時期，到戰國時代就逐漸淡出歷史舞台了。我們在博物館裡見過很多商周青銅器，有禮器，也有兵器。禮器就是在葬禮、加冕禮上使用的器具，比如大鼎、酒樽，兵器自然就是劍、斧、箭鏃……等等。還有一些器物不太容易分類，比如車馬上的銅製部件等。

馬車和兵器，能讓我們想到中國北方平原上的古代戰場。今天博物館收藏的青銅器，大多數確實是在中國北方出土的。然而，根據中國古代青銅器合金中含量非常少的鉛元素，考古學家發現，那些鑄造青銅器的原料，其實來自南方，尤其是今天的江南，即長江中下游地區。現代出土的青銅器中，很大一部分含有的鉛元素，不是普通的鉛，而是一種具有一定放射性的鉛同位素。這種微量的鉛同位素，很可能是在銅礦開採時就和銅礦石伴生在一起，在冶煉過程中也未能去除。按照這一特徵，冶金考古學家比對了今天中國境內所有銅礦的元素構成，於是就找到了古代青銅器的原料來源。

解開了這個問題還遠遠不夠，因為銅礦石雖然產自南方的古銅礦，但商周青銅器是在北方鑄造的。那麼，這些銅礦原料從南方來到北方的歷程，就構成了一部商周時代的歷史。

吳王光劍，劍上銘文為「攻敔王光自乍（作）用劍，恒余以至克戰多功」。安徽廬江出土，現藏於安徽博物院。

吳王夫差劍，劍上銘文為「攻敔王（吳王）夫差，
自乍（作）其元用」。作者攝於山東省博物館。

吳國特產青銅劍

說到江南的古銅礦，少不了春秋時代江南的吳、越兩國，因為當時主要的銅礦資源就位於這兩個國家境內（後來楚國的出現打破了這一格局）。吳、越兩國不但開採了大量的銅礦石，還留下了許多有關青銅寶劍的傳說，可以幫助我們破解銅料北運的祕密。這些江南銅礦，決定了吳、越兩國的命運，也參與譜寫了周朝和秦朝的歷史進程。

在吳越青銅寶劍的故事裡，我們不說最有名的「干將莫邪」的傳說，先來講一位吳國的王子。這位王子叫季札，是吳王闔閭的叔叔、吳王夫差的叔公。《史記・吳泰伯世家》中提到，季札無心王位，喜歡周遊北方各國，為吳國充當外交大使。他到過北方的魯國、齊國和鄭國。

季札最受人稱讚的一點，是他路過徐國時做的一件事。從長三角的吳國前往北方國家，首先需要經過和蘇南接壤的蘇北徐國，這條路線和今天的京滬高鐵是一樣的。

季札到達徐國後，拜見了徐國君主。徐國君主特別喜歡季札隨身佩帶的青銅寶劍，拿在手裡把玩，愛不釋手，但他身為一個諸侯，礙於面子，沒好意思向其他國家的使臣

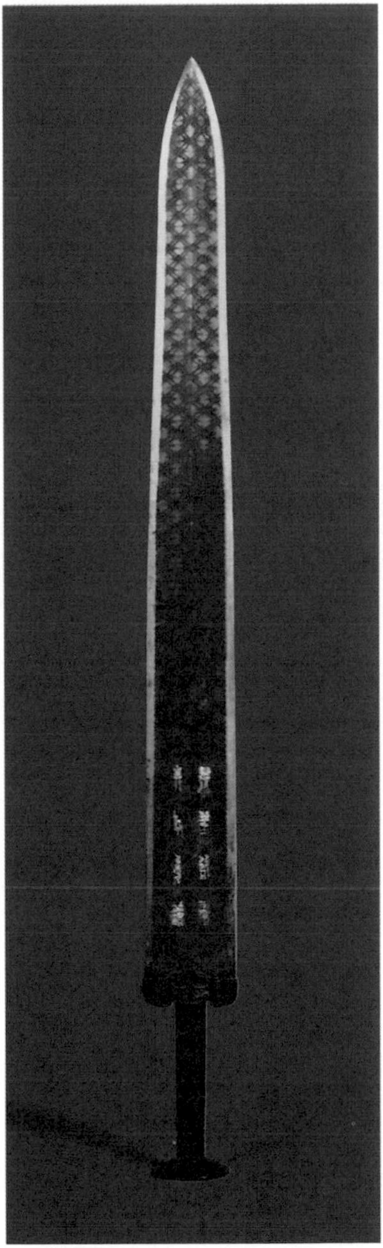

越王勾踐劍，湖北江陵望山一號楚墓出土，劍上銘文為「越王鳩淺（勾踐），自乍（作）用劍」。現藏於湖北省博物館。

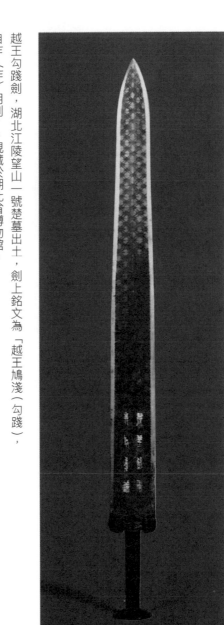

提出索取要求。不過，這麼明顯的舉動早就被冰雪聰明的季札看在眼裡，可他因為還有出使任務，身為大使，不能沒有佩劍，也就沒摘下來送給徐君。

等季札結束出使任務，南返回國時又經過徐國，想起當初徐君喜愛寶劍的情景，打算將寶劍送給他，結果「徐君已死」。於是季札解下寶劍，掛在了徐君墳墓邊的樹上，然後瀟灑地離開了。司馬遷被這個故事深深感動了，就把季札王子樹立成春秋時期「仁心慕義」的道德典範。

季札的這個故事，只是吳國眾多寶劍傳說中的一個。他的侄子吳王闔閭，也有一個關於青銅劍的故事。闔閭在即位前，雇用了一個叫專諸的刺客，用一把藏在魚肚子裡的短劍，刺殺了前任吳王，然後成功登基。這把劍就叫「魚腸劍」。專諸的成功事蹟，可能啟發了後來刺秦王的荊軻。

闔閭的兒子夫差即位以後，關於他的寶劍故事就更多了。他不但擁有美女西施，還收藏了勝邪、魚腸、湛盧這三把名劍。中國古代最著名的鑄劍傳說——干將莫邪、歐冶子的事蹟，也發生在吳國和它南邊的鄰居越國身上。

可以這麼說，吳、越兩國，幾乎壟斷了春秋戰國時期中國所有青銅寶劍的傳說，成為春秋名劍主要的供應商。今天在中國各地，考古發掘出十幾把吳王劍、越王劍，山西、山東、湖北、安徽都有。我們可以這樣理解：當年吳國的外交大使、王子季札，帶著本國特產青銅劍周遊北方列國。他為什麼把寶劍留在北方？道理很簡單，作為吳國大使，總要兼顧對外貿易，吳國青銅劍的主要市場在北方，把樣品給北方的國君，自然就是一種無聲的推廣，對吳國青銅兵器的銷路有莫大的好處。

江南銅礦爭奪戰

吳、越兩國為何製造了如此眾多的寶劍？答案只有一個：這裡的銅礦特別多。這兩個國家所在的地區西部，就是中國最重要的銅礦區。江西上饒境內的德興銅礦，是亞洲最大，也是中國第一、世界第二的露天銅礦。根據考古發掘，江西瑞昌銅礦的開採歷史，可以追溯到商、周時期。

西周中期周昭王有一位大臣，名字叫過，他是個伯爵，所以被稱為過伯。他留給我們一只「過伯簋」，簋上有十六個字，講了一個故事，說的是過伯跟隨周王討伐叛亂的荊人。荊國大致的位置在今天湖北的漢水流域一帶。過伯這次出征的成果被概括為「俘金」，意思是得到了重要的「金」。我們知道，西周時說的「金」不是黃金，而是指銅礦料。最後，他把這些銅料鑄造成寶鼎，獻給了周王室。就是這麼一件簡簡單單的事情，裡面的細節卻很豐富。

故事裡的周王就是周昭王，他不止一次到漢水流域和荊國作戰，讓他們進貢銅料。荊人的開採路線大概是沿著長江順流而下，然後到達江西。湖北黃陂還挖出一座商代古城，證明這是商周時期控制江南銅礦的必經之路。可能周王對礦料的需求很大，採礦的當地人「壓力山大」，所以就造反叛亂了。這又逼得周王不得不親自出馬。雖然過伯這一次贏得戰爭，取得了銅礦，但後來周昭王還是死在了強渡漢水、南征荊楚的路上。看來，最後周王還是被銅礦給害死了。

這件事發生以後，昭王的兒子周穆王就採用了用玉石去買馬，重建軍隊，繼續開採銅礦的戰略，但效果不是很理想。因為江南河流、湖泊太多，實在不利於馬車行軍。所以，周王索性派遣了一支親信部落，去湖北建立一方諸侯，直接負責採礦。這個諸侯姓羋，他建成的國家，就是楚國。

楚國後來非常成功，一直給周王室進獻銅礦。為了全面占領江南的銅礦，楚國還不斷向東拓展，擴張到了江西、安徽。當地的採礦部落受到壓迫，被逼無奈之下，只好繼續向東逃亡，逃到了吳國和越國。他們在這兩國造出了舉世矚目的青銅劍，留下了干將莫邪、魚腸、湛盧等鑄劍傳說。

吳國的工匠們有著和楚國由來已久的舊怨，為了阻止楚國東擴，他們最好的選擇就是努力溝通北方國家，把自己的青銅兵器提供給北方，以獲取後者的經濟和技術支援。所以，這才有了王子季札在徐君墓前掛劍的故事。

後來吳國和楚國展開了曠日持久、長達半個世紀的大戰。這段吳楚爭霸的歷史，其實也是江南銅礦工人書寫的歷史。

今天的江南，早已是魚米之鄉；商周時代的江南，或許是繁忙的採礦營地。這些來自江南的青銅礦料，先是通過周人，後來通過楚人，最後通過吳、越等國，源源不斷地輸入到中原大地，塑造了三千多年前的青銅文明，留下了博物館裡數不清的青銅文物。

「銅馬體系」的崩潰

中國青銅器的歷史，從商代一直持續到戰國後期，長達一千五百年左右。今天江南地區的江西瑞昌、安徽銅陵的古銅礦在商代就有開採。[1]周代時對江南銅礦的開發和利用，達到了古代的頂峰。西周依靠馬車和銅礦資源，在頗長的一段時間裡維持了王朝的鼎盛。

曾經的周人實現過巨大的經濟成功。他們駕駛著戰車，勒令東部的淮夷部落進貢銅料。接著又把這些銅料鑄造成堅硬的青銅兵器，從北方游牧者那裡虜獲馬匹。而馬匹又為他們駕起新的戰車，創造又一次勝利。隨著周人疆域的擴展，他們這台精密周轉的資源交換機器，從偶爾失靈變成了經常失誤。

有鑑於此，周穆王從無償獲馬，轉變為有償買馬。然而，用青銅器分封諸侯，是周王室維持權力最有效的手段。為了保持銅礦料的穩定輸入，周人只能派遣楚國的先輩從陝西東部，經過藍田—商洛古道，來到南陽襄樊盆地，全權負責開採銅礦的事務。眼看楚國取得了巨大成功，周人把馬匹供應的事務也外派給了秦國的先人。就這樣，在周代中期，周穆王的兒子周孝王的這項新政，給西周的歷史帶來了重大轉折。

在一段時間裡，周人重現昔日的輝煌，讓周王室有能力把一次次勝利銘刻在青銅器的內壁。有些勝利是鎮壓叛亂的艱難取勝，比如，禹鼎銘文講述了周王鎮壓叛亂的噩侯；另一些勝利是僥倖地抵禦了外敵，比如，多友鼎銘文講述了周師戰勝獫狁的事蹟。這些都是西周中後期非常有名的青銅重器，它們的共同點是，宣揚周師威猛的同時，也暗示了周王再也不是那個無人敢犯的四海之君了。幸運的是，那時楚國還努力效忠王室，而秦國也感激周王的賞識、提拔，它們在各自發展的道路上探索前行。

只是，好景不長。隨著這兩個位於周人東南和西北方向的部落在採買事業上蒸蒸日上，周卻因為不再控制實際資源（只有交換價值，而不具備使用價值的玉石除外）而變得日益貧弱。終於，楚國產出的銅礦、秦國養殖的馬匹，最終超出了周王室的購買能力。

缺乏戰馬可供驅馳，也沒有銅兵器用以禦敵。周王室被犬戎攻破，而站在犬戎背後的，則是全面接手王室銅、馬專營的秦、楚兩國。銅、馬的匱乏，是王室經濟的真實一面，也是今天幾乎沒有什麼西周末期的青銅重器出土的原因。

禹鼎，現藏於中國國家博物館。鼎內銘文記錄了周厲王命將領禹率西六師、殷八師往征噩侯馭方一事。噩侯曾掌控南淮夷、東夷銅料入周之路。

西周的兩位遺產繼承人

從春秋直到戰國中期的中國舞台上，周王早已把最顯赫的位置讓給五霸和七雄。而在它們當中最耀眼的，其實只有兩個國家，就是楚國和秦國。

楚國的成功是最先到來的，因為它控制了所有北方國家的銅料來源，這讓各國不得不聽命於它。《左傳》中就記載，楚成王僅用一千斤銅料就換得了鄭國的朝見，而在當時，鄭國可是周王室中地位最高的諸侯國。然而，正是楚國的強勢，給吳、越提供了崛起的機會，因為它們也有機會掌握銅礦的開採金鑰。這也為後來楚國東吞吳、越埋下了伏筆。

楚國的衰敗和中國青銅時代的落幕一同到來。戰國後期，由於戰爭頻仍，原本可以鑄造青銅彝器的銅料大都被製成了兵器，表面上的文字和紋飾大大減少。楚國受到的致命一擊是，資源分佈更廣的鐵器開始登上歷史舞台。隨著北方各國逐漸普及鐵器，銅礦原料的交換價值迅速下降。經濟上，主要依靠青銅兵器出口的吳、越兩國先後消亡。曾經占據江南大部分疆域的楚國，也隨著銅料價格的大幅跳水而走向沒落。

楚王子午鼎，現藏於河南博物院。王子午是「問鼎中原」的楚莊王的兒子，曾任楚國令尹。該器出土於楚文化的發祥地河南淅川，見證了楚人為西周管理銅料事宜、沿秦嶺東遷的歷史進程。

這一趨勢的最大獲益者，應該就是秦國。從周代的養馬部落起家，秦國繼承了西周的另一筆遺產。由於秦國擁有中國境內最重要的牧場，到戰國時，秦國可以說是成了各國馬匹的主要供應者。我們試想一下，當東部國家試圖駕馭著從秦國輸入的馬匹，反過來挑戰秦國的權威時，必將遭受雙重打擊——戰馬供應遠遜於秦，且買馬所出又將資助秦國的經濟。更重要的是，秦國也是鐵製品輸入中原的主要管道之一。當銅料的價值越來越低時，秦國對其主要對手楚國的優勢就越來越大。

就這樣，西周留下的兩筆遺產，決定了秦國和楚國的命運。當秦國最終擊敗楚國，繼而吞併其餘各國後，中國也就徹底告別了青銅時代。然而，當年吳國王子出使北方國家，推廣青銅兵器的路線保留了下來。同樣，楚國向北輸送銅料，向東發展、進擊吳越的路線，和那些早先的商周時期北方人群南下開採銅礦的道路一起，成為中國各個地區之間相互聯繫的網路，將這個國家連成了整體。

告別青銅時代

秦代以後，銅礦原料就不再用於製作大型器具，而是用於鑄造貨幣。這一點，和玉器的發展正好相反，玉石因其加工的煩瑣和攜帶不便，放棄了其貨幣價值，成為一種貴重的寶石和工藝品。而青銅原料則因為它的可塑性，從貴重的鐘鼎彝器變成了可供流通的貨幣。這些轉變，緣於它們最初都是先民眼中的寶貴資源。

從這一點出發，我們或許可以對商周時代體量巨大的青銅器做一猜想，我們今天在商周墓葬中發掘出來的青銅重器，本身就是一種財富的象徵。如同後世官府的鑄幣機構，會將碎銀熔成液體，澆鑄出大塊的銀錠用於收納，在需要時再將銀錠熔化，鑄出用於流通的小額銀圓。巨大的青銅器，很可能具有類似大塊銀錠的功能，將銅料集合，一方面為了炫耀財富，另一方面也為了在需要時重新熔化，用於鑄造兵器等。

那麼，商周青銅器銘文中常見的用作結尾的「子子孫孫永寶用」，代表的可能並不是虛設的敬語修辭，而指的是具體用處，即周王將銅料鑄成寶鼎等重器賜給臣下後，相當於給予後者一筆真實的財產，臣下有不時之需時可以將其熔化，以小塊銅錠進行交易，而不是我們以往認為的，將銅鼎、銅簋代代相傳。

這樣看來，今天我們依然能見到刻著大量金文的傳世或出土的青銅器，是相當不容易的。因為它們逃過了春秋戰國之際以銅料熔鑄兵器，或後世熔化鑄錢的命運。

當然，更重要的是，當我們再次走進博物館，觀賞聚光燈下那些光彩熠熠的商周青銅器時，請不要忘記，它們的原料來自江南。它們流入華夏腹地的進程，為古代的中國鋪設了溝通、聯繫的網路。也不要忘記，上古時代那些被青銅器銘文記錄的、非常精彩的「銅礦之戰」，書寫了整部先秦的歷史。

這些青銅製品，不但啟發了我們對古代物質世界的瞭解，還能幫助我們深入古人的精神世界。在接下來的一章，我們將進入一個全新的時代，通過造型別致的銅器「博山爐」，潛入秦始皇和漢武帝的腦海，看看他們在追求長生不老的神仙之路上，到底有什麼樣的收穫。

---

1 裘士京，《江南銅研究——中國古代青銅銅源的探索》，黃山書社，二〇〇四年，第二十八至三十九頁。

第三章

博山爐與秦皇漢武的尋仙之路

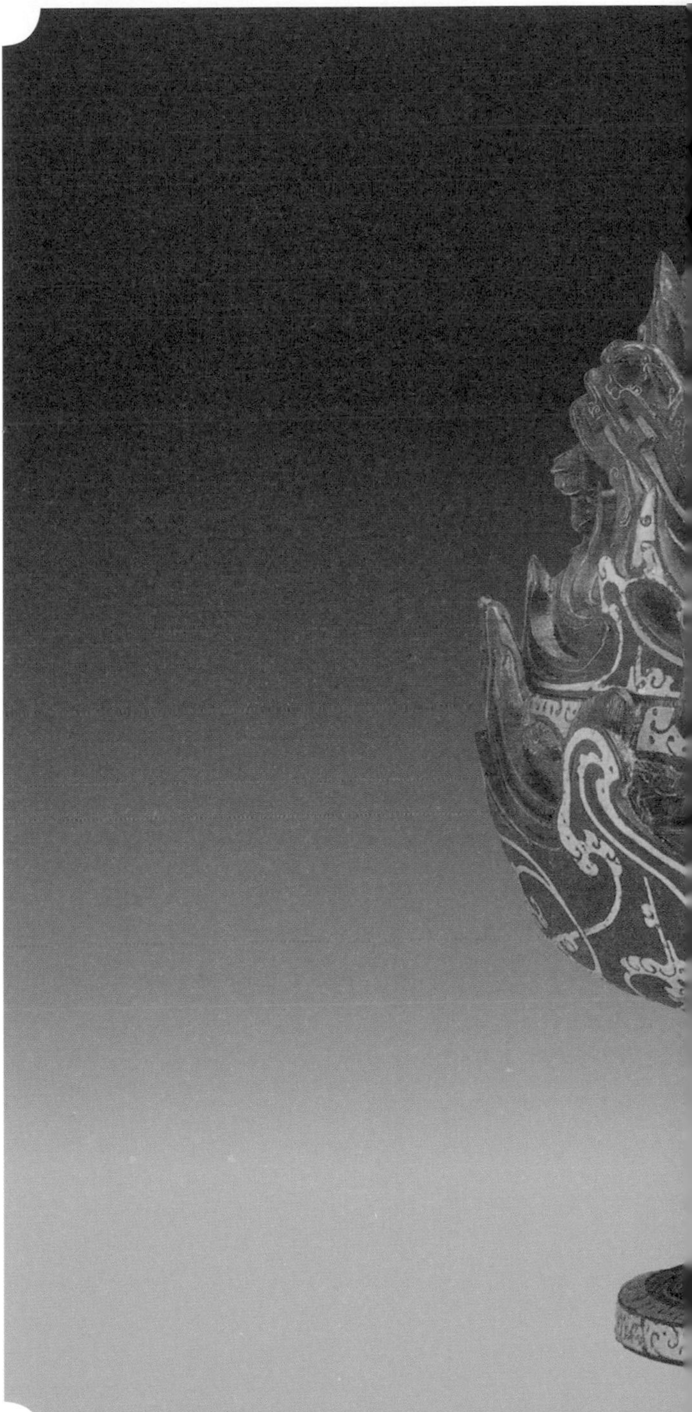

秦皇漢武的永生夢

秦漢時代，是中國西元前後的一個重要時期。

秦朝最大的事蹟或許是擊敗六國，奠定了中國統一的格局。在前兩章我們已經知道，秦國源自一個為周王提供馬匹的西部部落，他們在養馬的事業中得以壯大。當東周時期所有國家都忙著駕駛馬車打仗時，財富就源源不斷地流入秦國，給後者提供了戰勝六國的經濟實力。秦始皇除了統一六國，還南征百越，北擊匈奴，巡狩天下，封禪泰山，留下許多重要事蹟。

繼承秦朝的漢朝，是中國歷史上第一個長期穩定的王朝，前後存在了共四百餘年，兩漢差不多平分了西元前後的四百餘年時間。漢朝的故事很多，漢武帝則是後人最愛評論的皇帝之一，他在北擊匈奴的道路上走得更遠，成為後世帝王在武功方面的標杆，可他也正是在這條道路上走得太遠了，以致耗費了漢朝前期的大部分積蓄。而對匈奴的根本性打擊，是東漢和帝時由車騎將軍竇憲率軍與南匈奴、烏桓和羌胡等各路軍隊合力完成的。在文化方面，前漢有司馬遷奮發寫《史記》，後漢則有班固寫《漢書》，奠定了中國史學的基礎。

如果要問秦代和漢代有什麼共同點，有人會舉出「秦皇漢武」，用武功證明他們在開疆拓土方面的相似之處。這一點當然是不能否認的，但這只是部分答案。另一部分是，他們都對神仙世界有著熱切的嚮往。具體來說，是對神仙世界的「長生不老」有著強烈的願望。

然而，追求長生的秦始皇，除了在陵墓中和他的兵馬俑大軍實現了兩千多年的「永生」之外，在現實世界裡只留下一個不足二十年就走向覆滅的帝國。漢武帝確實比秦始皇活得要久一點，但離永生還差了十萬八千里，他同樣沒有留給西漢一個國祚千載的根基，而是用財政赤字給王莽提供了一個表演的舞台。

追求永生的路途，真的那麼遙不可及嗎？這樣一種看似無害的事業，是如何給秦、漢帝國帶來無法逆轉的命運的？讓我們從一種非常獨特的文物——來自西漢的香薰爐說起。這種香爐的名字是博山爐。

博山爐上的仙境

西漢時期，出現了一種帶底座的香爐。它的底座就像電影裡出現的油燈的燈盞，上面的部分差不多和西柚或水蜜桃一般大小。香爐分成蓋子和爐座兩部分，中間是空心的，可以打開蓋子，在中間盛放點著的香料。

這種香爐的特別之處，就在於它的造型。爐座是湧起的波浪，層層疊疊地圍繞著中央，而它的蓋子就像是從大海中升起的一座仙山。在山谷間，隱藏著很多山洞，還有各種靈異生動的動物造型，比如猴子、兔子等，不仔細尋找還不一定能發現。點燃香爐裡的香料，會有煙霧從這些山洞中冉冉升起，爐蓋就像一座隱藏在雲端的高山。

這種香爐的創意，的確和傳說中的仙山有關。

戰國時期的著作《列子》中的〈湯問〉篇提到了五座神山，分別是岱輿、員嶠、方壺、瀛洲和蓬萊。前兩座神山後來沉沒了，只剩下方壺、瀛洲和蓬萊三座。即便如此，山上的景象仍然堪稱奇觀，比如「其山高下周旋三萬里，其頂平處九千里」。最神奇的是，山上的景觀非常奇幻，「其上台觀皆金玉，其上禽獸皆純縞」，就是說山上的建築

錯金雲紋博山爐，河北滿城中山靖王墓出土，現藏於河北博物院。博山爐細緻的紋理和時隱時現的雲霧，讓人們聯想到神奇的海上仙境。

都是由金玉製成，動物都是純白顏色的。最讓人羨慕的一點是，山上的樹木結出的果實能令人「不老不死」。山上居住的人「皆仙聖之種，一日一夕飛相往來者，不可數焉」。而這些神山本身則在海波中漂浮，據說底下還有「巨鼇」馱著，使之不至於沉沒。

方壺、瀛洲和蓬萊這三座傳說中的仙山，被統稱為博山。而以這些神山為原型製作的模型，自然就被稱作博山爐了。這些博山爐器物雖小，可不論是海波，還是山巒，以及山上的樹木、動物，甚至亭台樓閣和人物，都栩栩如生，讓人感歎其巧奪天工。

今天我們知道，這些神山只不過是人們的美好想像。但是，歷史上的人們未必知道，他們用瀛洲、蓬萊命名了中國東部沿海的諸多島嶼，在山東淄博還真有一個以「博山」為名的區域。這些，包括製造有著明確寄託的香爐，都表達了人們對神山降臨人間的渴望。

然而，秦漢時期確實有兩位著名的君主，並不滿足於香爐上的神山，他們打算竭盡全力探索這「不老不死」的仙境，而這也對其國家的未來產生了無法預見的影響。

秦始皇被方士騙了嗎？

秦始皇派遣徐福入海尋找仙人的故事，我們都知道。這種事不僅秦始皇做過，後來的漢武帝也做了。這裡一共有三個問題：第一，秦皇漢武為什麼要去找仙人？第二，仙人到底是什麼？第三，他們找到仙人了嗎？

秦始皇三十九歲的時候統一六國，登上了前無古人的皇帝之位，去世的時候是四十九歲。當時人的平均壽命差不多是三十五歲，秦始皇的壽命已經超出其他人一大截了。當然，從今天的醫療水準來看，他的壽命還有很大的提升空間。所以，他像歷史上所有位高權重的人一樣，有個小小的目標，就是想「再活五百年」，好好享受自己剛打下的江山。

為了實現這個目標，秦始皇開始積極行動，他派人四處尋找能使人長生不老、延年益壽的辦法。這個時候，有人給他推薦了一些來自齊國的方士，也就是擅長祭拜鬼神、煉丹長生的一群人。據說，他們有讓人長生不老的辦法。

在古代的華南、華東，有一種觀念，人死了以後，死者的靈魂不會消散，祂們會生活在生者附近的高山上，尤其是雲霧繚繞的山尖。祂們時不時還會回到自己的後代身邊，看一看後人的生活。比如在逢年過節的時候，人們把自家死者之靈從山頂的雲霧世界邀請回來，等節慶歡度結束，再把祂們送走。古代華南地區高山上的懸棺葬，大致就是這種觀念的具體實踐。這些想像出來的靈魂，既是人們的祖先，又是一群永遠生活在幸福天堂裡的「仙人」。這就是「神仙」觀念的原始形態——世界上本沒有神仙，祖先去世的多了，就有了神仙。說句沒經考證的玩笑話，「仙人」和「先人」之所以同音，可能也有這個意思。

最初，東邊的人們還是能搞清楚的，所謂神仙的世界，就是祖先之靈生活的地方。可西邊來的秦始皇不太明白這個道理，也有可能是把這些觀念傳遞給他的濱海人士沒表達清楚。總之，他四十歲的時候，第一次來到遙遠的東方，到山東來看大海，一接觸到齊國、楚國的民間信仰，馬上就被「神仙」吸引住了。他把東夷觀念中人們死後去往的永恆世界，當作一個現實存在的人間天堂；把那些死後永垂不朽的祖先，當作真能長生不老的神仙。

後來的事情，我們都知道了。方士們告訴秦始皇，神仙和不死靈藥在大海裡的三座神山上，也就是從《列子》中摳出了蓬萊、方壺、瀛洲的名稱，嵌入了這種祖先信仰中。結果，秦始皇信以為真，真的派了一個叫徐福的方士帶著一堆童男童女，出海去找神仙了。徐福可以算作中國的第一代探險家。結果神仙還沒找到，秦始皇就駕崩了。

之前的三個問題我們回答了一個半。秦始皇尋找神仙是為了長生不老，但他把東部地區人們頭腦中祖先安息的永恆彼岸，當作了真實存在的現實仙境。這註定了他的徒勞無功。

不過這件事對後人，尤其是對漢武帝的影響非常大，不管三座仙山是不是真的，後人一想，既然秦始皇都派人去找了，應該假不了。所以他們不但再接再厲，繼續尋找，還給三座傳說中的仙山起了個名字——博山。而且，還真的有所發現。

漢武帝的「神山探索小隊」

漢武帝在位時，是西漢最強盛的時期，他和秦始皇一樣嚮往長生不老，也是一位神仙愛好者。他除了像老前輩一樣繼續派遣「神山探索小隊」，年復一年地尋找仙人以外，還更務實地把只有傳說的「博山」具體造了出來。

我們今天看到的博山爐，大體上是漢武帝時出現的。漢武帝即位以後出兵嶺南地區的南越國，獲得了來自南海的龍腦香、蘇合香等香料。對這些香料的使用激發了工匠們長期以來的靈感，他們把香料製成香球或香餅，再配合香料製造出了博山爐這種與傳說高度結合的香爐。雖然只是一種迷你版的海上神山，但只要點燃香爐內的香料，就有一縷縷的香煙從山洞中升起，籠罩著這座香爐，還真有點隱藏在雲端高不可攀的感覺。如此一來，漢武帝在還沒找到神山和仙人之前，可以每天在宮裡看看散發仙氣、香氣的香爐，多少有個心理安慰。

所謂「念念不忘，必有迴響」。漢武帝時有一本神山探索筆記流傳下來，作者是漢武帝的名臣東方朔。他和武帝的親密關係，差不多和後來乾隆與寵臣紀曉嵐相似。這本著作假托東方朔的名義，取名為《海內十洲記》（簡稱《十洲記》），記錄了當時人們觀念中十座著名的仙島。其中自然也包括傳說中組成「博山」的海上仙山。

這本書對瀛洲講得尤其具體，裡面是這麼描寫的：瀛洲位於「會稽」，相當於浙江對面的東海上。山上不但有仙草、玉石、泉水，還住了很多仙人。最神奇的是，這些仙人沒有像《列子》中說的那樣，整天吟風弄月，飛來飛去，而是有著和吳越地方的人差不多的風俗習慣。

我們有理由懷疑，這到底是神仙，還是住在海島上的普通人呢？我們今天知道，漢武帝的「神山探索小隊」在雲霧繚繞的海島上真的有所發現。那些仙山上的居住者，其實就是島嶼上有著自己風俗的原住民，而且他們和最近大陸上的居民有著相同起源——畢竟海島上的居民都是從東亞大陸遷移過去的。這一發現，非但沒有妨礙漢武帝把他們視作神仙存在的重大證據，反而更加堅定了他關於神山和永生不老的信念。隨後他開始了更大規模的探索，不但在中國的東面尋找海島，還把探索的範圍擴大到了中國的北面、南面和西面。

天馬的代價

對漢武帝來說，除了神山的具體位置和成仙靈藥的效果以外，還有一個問題一直困擾著他：神山高聳在遙遠的海外，到底要靠什麼交通工具才能前往並登上位於「博山」

西漢鎏金銅馬，以大宛汗血馬為原型而鑄，現藏於茂陵博物館。

之上的仙境呢？

西域方面，很快傳來一個振奮人心的消息。有一個流落匈奴十多年的使臣，名叫張騫，他原本也是漢武帝派往北方的探索隊伍中的一員——為了尋訪匈奴的北面和西面到底有誰居住。張騫雖然沒有帶回神仙的消息，但他彙報，聽聞在匈奴西面有一個叫作大宛的國家，那裡盛產一種汗血馬，是天馬的後代，據說騎上以後，就能登上神仙居住的高山仙境。這個消息令漢武帝大為振奮。

漢武帝再次派遣張騫前往西域，這次只到了大宛北面的烏孫國，大約在今天哈薩克境內。最後張騫帶著烏孫國贈送的數十匹駿馬回到了漢朝，漢武帝對這些駿馬喜愛有加，立即把它們命名為天馬——儘管這些馬並不能登天。從此，西域的物品開始源源不斷地流入中國，比如葡萄、苜蓿等。今天江浙地區的家常菜清炒草頭其實就是西域來的苜蓿，只不過馬兒吃的是整棵苜蓿，人吃的是苜蓿的嫩葉。

隨著西域往來使者數量的增加，加上張騫後來也去世了，漢武帝終於從西域使者的口中得知，他這麼多年騎的其實是烏孫馬，真正的天馬依然在烏孫南部帕米爾高原西面的大宛城裡。

漢武帝有一顆執著的心，他先是派人帶了重金和黃金製成的金馬專程前往大宛，想要購買天馬，但這次交易沒有成功。生氣的漢武帝派遣妻弟貳師將軍李廣利，率數萬兵卒，遠征大宛，可是兩年後返回漢朝的只有兩三千人。這時，讓漢武帝感到震怒的已經不是沒有天馬可以送他前往仙境，而是受到了大宛的拒絕和抵抗。第二年，他又捲土重來，調集六萬大軍、十萬頭牛和三萬匹馬，以及無數的驢和駱駝。《史記》中記載，為了給這支大軍提供後勤保障，一共調動了十八萬人負責糧草轉運。這一回，將士們終於不辱使命，從玉門關外帶回了幾十匹大宛特產的「汗血寶馬」，以及用於配種的三千匹公馬和母馬。當年派出的大軍究竟有多少人歸來，並沒有一個準確的數目，但漢武帝還是非常高興地寫了一首詩，名叫〈西極天馬歌〉。他沒忘記把當年的烏孫馬改名為西極馬，把新來的汗血寶馬命名為天馬。

昂貴的尋仙之旅

當然，直到最後，這些天馬也沒能馱著漢武帝登上傳說中的神山。他多年來大規模尋找仙人的探險活動，一點都不便宜。不光大量人員外出考察需要經費，而且遇到遠方民族的時候，客氣一點的要送禮物，碰到脾氣暴躁的免不了要打上一仗，這些都消耗了國家的大量資源。

我們回顧一下秦始皇的失敗，大概也是如此。來自西方的秦始皇派遣徐福前往東海尋找仙人，同時也把希望寄託在向南、向北的探索上。結果在南方遇到了百越，在北方遭遇了匈奴。秦始皇迅速在南、北兩個方向築起長城，想要阻擋這些可能侵入他領地的人群。築城之後，長期守城的支出，迅速耗盡了新帝國的財產。

秦始皇大概一直在納悶，他費盡財力，努力尋找的能提供長生不老靈藥的神仙，為什麼從來沒有出現。他沒有想明白的是，那些「神仙」早就來到了帝國的門口。當那些神仙在雲霧繚繞的高山、在浩瀚大漠的彼岸時，他們是神仙；當他們脫掉浪漫的外衣，走下高山，跨過大漠時，他們就都變成了皇帝眼中的蠻夷。於是，當葉公好龍的秦始皇用全國的財力建造了一堵阻隔蠻夷的高牆時，他也永遠把博山上的神仙阻擋在他的宮殿之外了。

漢武帝要比秦始皇走得更遠一點，畢竟他比後者「年輕」一百多年。他的將軍和

西漢玉仙人奔馬，為漢代史籍中的天馬形象，現藏於咸陽博物館。

探險家為他弄到了可供馳騁的天馬，他的探險地圖也要遠遠超過秦始皇的視域。大漠以北、瀚海之西、南海更南，這裡是邊塞詩人的天堂，也是更多「神仙」的故鄉。

最終，漢武帝和他的後人為了維護天馬、葡萄、苜蓿以及龍腦香、蘇合香的運輸通道，花費了比秦始皇更高的管理成本。為奪取天馬而發動的兩次大宛戰爭，讓西漢元氣大傷，漢武帝也不得不發佈一道用於自我檢討的〈輪台罪己詔〉，表示自己不應為這些遠方的奢侈品耗費如此眾多的民財。然而，漢武帝的後人們並沒有從中吸取太多的教訓。他們除了依然保持著對神仙世界的嚮往，還肩負著維持祖先疆域的重責，哪怕這將使他們承擔無法緩解的財政壓力。

與這些遠方「神仙」的交往，迅速耗盡了西漢的財富，也包括那些原本用來製作博山爐的青銅原料，並且間接導致了西漢最後的衰亡。

從「神仙」到「蠻夷」

漢武帝對博山爐這種用「失蠟法」製成的鏤空銅質香爐非常滿意，還製作了很多分發給各地的諸侯貴族。其中相當一部分還有鎏金，更顯出神山的魅力。我們今天看到的博山爐，大多來自西漢諸侯的墓葬，博山爐大概能代表當時上層社會比較普遍的精神追求。漢代後期，國家經濟陷入困境，大部分銅料都被拿去鑄造銅錢了。東漢及以後製成的博山爐多是陶瓷的，失去了原先的那種神韻，或許讓神仙的法力也下降了不少。

現在，我們對博山爐這樣一種獨特的器物有了全新的認識。毫無疑問，這類貫穿了中國西元前後共四百多年的物質文化製品，完全有資格代表秦漢王朝的時代交響曲。

秦始皇和漢武帝這對好夥伴，攜手開創了中國古人的求仙之路。這段歷史，恰好被漢武帝時期發明的博山爐給記錄了下來。這種特殊的容器，因為裝入了來自南方的香料，散發出獨特的香氣，讓人們在吸入香氣的時候，不禁想像自己進入了神靈的世界。

對神仙世界的嚮往和追求，為秦漢時代帶來了更廣闊的現實世界。從一開始對「仙界」物產的熱衷（天馬），到最後和「神仙」關係的變化（以武力手段對待天馬的擁有者），不管是造成了國家財富的迅速流失也好，還是為中國引入了更多外界聯繫和產品也罷，這些活動都不可逆轉地改變了中原王朝本身的發展軌跡。

這些迷你版的神山，也並非毫無用處。通過它們，我們知道了中國古人想像中的天

力士騎龍博山爐，河北滿城中山靖王墓出土，現藏於河北博物院。

堂模樣。在這之前，對於這個神仙世界，都只有模糊的文字描寫，現在被漢代的工匠用立體的形象表現了出來。而且，從這座海上神山開始，中國人的精神世界被基本定型，以後包括繪畫、雕塑、園林，甚至地毯編織在內所有的平面和造型藝術，全都是從這裡演變出來的。濃縮在博山爐中的神仙世界，對中國古典美學影響深遠。

那些在遠方生活的民族，也在漢朝的尋仙過程中，和中國發生了聯繫。尤其是北方民族被漢朝探險家帶來的禮物所吸引，攜帶著原有自然環境的烙印，沿著漢朝鋪設的求仙之路，緩緩南下，最終來到了漢朝的邊境。當這些遠方之人和漢朝走得越近，他們距離神仙的身份就越遠，並最終成了漢帝國眼中沒有開化的蠻夷。

隨著所謂的蠻夷在漢朝周邊越聚越多，中原王朝的財富流失也變得越來越快。王朝的繼承人們也在琢磨，應該採用一種什麼樣的方法減緩衰落的速度。不出所料，他們很快就想出了似乎可行的對策，並在不經意中，拉開了新時代的序幕。下一章，我們就從「壁畫」這種特殊的歷史紀錄方式中，解讀中央王朝曾經引以為豪的策略，看看這種策略如何引導蠻夷從遙遠的故鄉走到了歷史舞台的中央。

第四章

從東漢壁畫揭開草原部落崛起之謎

草原部落從哪裡來？

東漢結束以後，中國進入了短暫的魏晉時期，之後就迎來了著名的民族大融合時代。從東邊來的鮮卑，從西邊來的氐羌，先後建立了十幾個國家。它們在中國北方分分合合，非常熱鬧，最後融合成一個新的時代。

強大的漢朝是如何終結的，是古今學者都百思不得其解的問題。很多人把原因歸咎於宦官專權、外戚干政，甚至具體到個體的貪腐。這些五花八門的解答，很難得到多數人的認同，所以難免不時激起新一輪老生常談的討論。

至於魏晉南北朝，更是引人思索。在中國文明裡，書法、繪畫、文學，這些影響深遠的文化要素，都發軔於這個時期。無人可以否認當時文化的發達，開風氣之先的人物數不勝數。然而，明明已經再度恢復統一的中國，在西晉建國五十年後，很快就走向分崩離析。

另外，和魏、晉兩代的頹廢氛圍相反的是，鮮卑、烏桓、氐羌這些古代民族，在「後漢」時期（這裡的「後」，意思類似後現代的「後」）卻表現出旺盛的活力。他們在「十六國」的舞台上頻頻登場，開創著自己的時代。比如氐羌，是西秦、五涼等一系列國家的創建者，它們和東晉之間的互動，留下了眾多有趣的故事。它們對今天中國成語詞典的貢獻，是僅次於春秋戰國時代的，產生了投鞭斷流、風聲鶴唳等詞彙。更有鮮卑各部，建立了北方另一系列的國家，尤其是以北魏為基礎的北朝諸國，對隋唐時代統一局面的再度開創厥功甚偉。

對我們當代人來說，魏晉時期仍有許多疑問有待解答，比如：鮮卑族是從哪裡來的？有人從語言學的角度猜測，鮮卑一族的名稱，暗示著他們來自西伯利亞的北方森林，因為「西伯利亞」有「大森林」的含義，和「鮮卑」一詞同源。也有人說「鮮卑」的本意，和當代中國民族「錫伯族」一樣，有著「森林人」的意思。現代人類基因組研究也顯示，與古代鮮卑人群最接近的當代人類群體，的確是生活在北亞地區的現代民族。然而，這樣一群來自北方的民族，是如何在兩漢與漢魏之際步步南下，建立影響後世的偉業的，依然是個未解之謎。

中國古代的歷史文獻，比如作為史籍里程碑的「前四史」——《史記》、《漢書》、《後漢書》、《三國志》，沒有為這些問題提供足夠清晰的答案。等到史書對游牧民族有了足夠的關注時，它們往往已經有了國家的雛形。至於這些古代民族是如何壯大起來，又是怎樣步步為營，開疆拓土，走上巔峰的，史書卻都語焉不詳。

好在，雖然沒有充分的文字記載可供參考，但漢代的畫師們卻以不亞於史學家的智慧，用他們自己獨特的方式，把這些問題的答案畫在了漠南草原中一座墓葬的壁畫上。

作為資訊載體的壁畫

壁畫，顧名思義，就是畫在牆壁上的畫。人類在牆壁上作畫的歷史非常悠久，在大約一萬五千年前的舊石器時代末期、新石器時代之初，人類就開始嘗試在洞穴的岩壁上繪製日常生活的有關場景。儘管此時畫面上的人都非常抽象，但與人有關的動物非常生動，體現了人類與生俱來的洞察力。

這些洞穴壁畫，加上有著共同起源的岩畫，後來就成了繪畫的起源。在洞穴岩壁上作畫，雖不如在紙張、畫布上作畫來得方便，也不方便欣賞、攜帶，但這些繪畫因為載體的獨特性，被長久地保留了下來。磚頭、石頭自然要比紙張和布匹更加耐久，而且壁畫的畫面更大，遠超紙張等其他載體的面積。加之建築物本身的立體感，壁畫不像紙張那樣具有明顯的邊界，可以借助房屋等建築，提供一種三度空間的連續感。

我們要討論的這幅壁畫，位於內蒙古呼和浩特東南的和林格爾縣的漢墓中。「和林格爾」是蒙古語，意思是「二十間房」，因為清初這裡有一座規模為二十間房屋的驛站。雖然清代時它的規模不大，只有寥寥幾座房屋，但在秦漢時代，這裡是威震北方的雲中郡所在。這座墓葬大約建於東漢末年，所以在考古學上被簡稱為「漢墓」（兩漢墓葬），因為這裡除了漢人，也是匈奴等北方人群活動的範圍，所以這個名稱又有了雙層含義。

這座漢墓由於早年被盜，大部分文物已遺失，考古學家翻遍墓葬也無法確認主人的名諱，所以我們至今也不知道墓主人的名字。但在墓室四壁，從甬道一直到內室的牆上，都繪製了精緻、鮮豔的壁畫，將墓主人由「舉孝廉」到「致仕」的全部人生履歷描繪了下來。其中除了有他為官的繁陽、寧城、離石等府縣市邑，還有他待過的官署、幕府、塢壁、莊園等各種建築，還有與日常生活有關的出行、儀仗、飲宴、圍獵、視察等工作景象和生活畫面。[1]

這座漢墓雖被盜掘，然而滿牆的壁畫，因為繪製了墓主人一生的軌跡，已將這座古

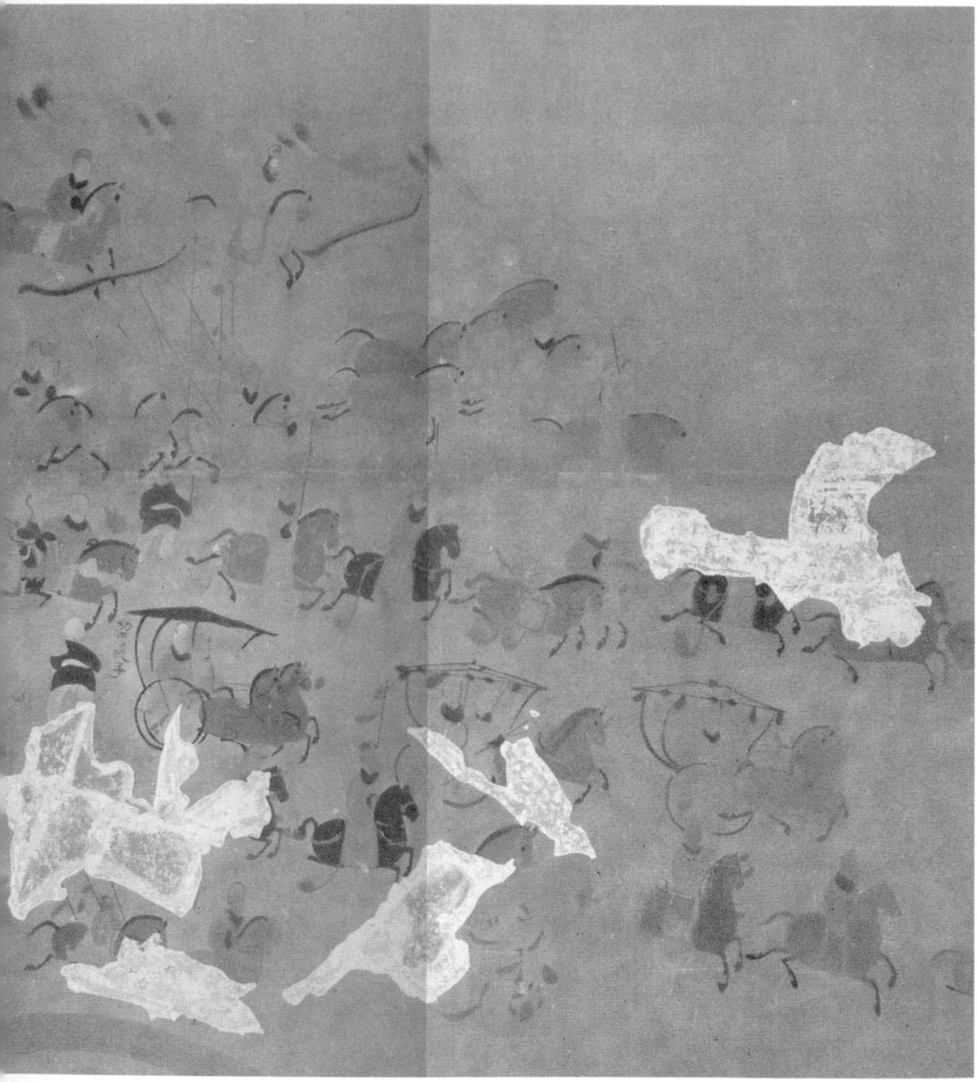

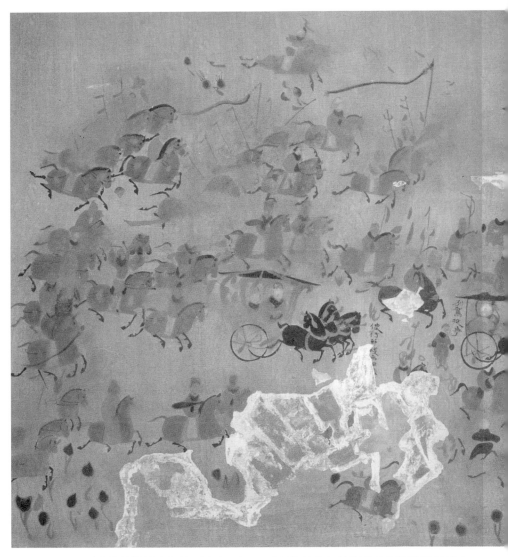

〈漢使持節護烏桓校尉出行圖〉，呼和浩特市和林格爾縣東漢墓壁畫摹本。

墓一半以上的價值保留了下來。從壁畫中可以發現，墓主人名字闕如，但他在晚年擔任過漢代管理烏桓、鮮卑等北方民族的最高長官——護烏桓校尉。研究者將他的官職和文獻記載的同時期擔任過此職位的東漢官員進行了比對，沒有發現吻合的人選，所以認為他是一位沒被文獻記錄的護烏桓校尉。

壁畫中，他多年的職官升遷過程，以及與管理下的匈奴、烏桓和鮮卑等人群的關係等資訊，也都被保留了下來。於是，這位無名的護烏桓校尉，就在無意中把北方民族隱藏在歷史深處的起源和壯大過程，巧妙地嵌入了他身後留下的這筆寶貴財富中。

「李將軍」傳奇

從壁畫上的「出行」、「儀仗」等內容可以看出，墓主人一生長期擔任著東漢重要的邊疆大吏，大部分時間是在戰馬上度過的。因為在漢代，尤其是西漢，最有名的武將，不管是戰功顯赫，還是留有瑕疵，以李姓居多，所以我們就暫時給他一個稱謂——「李將軍」。李將軍的戎馬生涯一共分為三個階段。

他一開始擔任了山西呂梁地區（西河）的長史，這裡在古代一直被稱作離石，擁有西渡黃河去往陝北地區的重要渡口。這裡也是南匈奴歸順漢朝以後的駐紮地點，在此任職的官員承擔著監管匈奴部落的重任。匈奴和漢朝「相愛相殺」了幾百年，最後北匈奴消失在中亞草原，南匈奴歸順漢朝。在這以後，東漢每年要向他們提供一億零九十多萬銅錢的安置費，這還不包括糧食、牲口、車馬和金銀等方面的供給。所以擔任西河長史，每年光是給南匈奴分發錢物、賞賜就有數不清的事情要做。

可能是他監管匈奴時公正廉潔、地方安定，所以幾年後他就升任了行上郡屬國都尉，這是他職場生涯的第二個階段。現在他的駐地從山西西部來到了陝北榆林，因為這裡安置了剛從西域遷來的北匈奴降順部落。

北匈奴之所以投誠，和李將軍管轄下的南匈奴有著密不可分的關係。東漢政府每年提供給南匈奴的財物，並不是無償的，條件之一就是在必要的時候他們要參加漢朝的軍事活動。東漢時發動的規模最大的遠征，就是由南匈奴左谷蠡王率領的上萬騎兵和其他許多北方部族共同參加的，而戰爭的對象就是北匈奴。

南匈奴的出征取得了大勝，李將軍得到升遷，管理職責也越來越大。所以，壁畫上特別畫出了他管理的三層樓高的倉庫，邊上還特別畫出了兩個下級官吏，他們身旁分別寫著管理金銀財物和分配糧食的不同職責。作為匈奴賞物的分發者，李將軍自然坐擁巨大的財富，這讓他的幕府官邸也顯得分外奢華、高大。

李將軍的人生在第三個階段達到頂峰，他在去世之前升遷到了護烏桓校尉的職位上。這個職位每年的俸祿是兩千石，按今天的標準，相當於中國省部級領導。他的駐所也從陝北遷到了遼寧西部、內蒙古東部的赤峰，管轄範圍非常廣闊。他不同於一般負責內地一郡的「兩千石」，而是駐守一方的封疆大吏，這個「護烏桓校尉」其實有點類似大軍區司令。

在李將軍處於人生頂峰的時候，讓他最得意的一項成就，在壁畫上也是通過倉庫來體現的。所有壁畫中，有一幅畫著一位身材高大的仗劍官員，可能就是李將軍的肖像。他的背後有一個兩層樓高的巨大倉庫，上面清晰地寫著「護烏桓校尉幕府穀倉」。這個穀倉比起之前西河長史、行上郡屬國都尉的穀倉，有過之而無不及，好像是要和李將軍「兩千石」的身份保持一致。

相鄰的壁畫上，是人頭攢動的市場，特別畫著貿易的場所。這幅圖，就是非常著名

護烏桓校尉幕府穀倉，呼和浩特市和林格爾縣東漢墓壁畫摹本。

〈寧城圖〉「寧市中」局部，從中可以看到許多前來進行貿易的騎士。

的〈寧城圖〉。上面畫出市場的區域，特別標注著「寧市中」的漢隸字樣，似乎是在提醒我們：這或許是整個寧城裡除了護烏桓校尉的幕府外，最值得關注的一景。市場中，前來交易的人群騎著高頭大馬，井然有序。尤其是馬上的騎士，個個威武異常，細看之下又全不似漢家打扮。

李將軍出行的儀仗、生活中的盛大排場，也被記錄下來。出行時有上百人的馬隊，高度繁華的街道，還有各種歌舞娛樂，都顯示了他作為封疆大吏的尊貴地位。

這位不知名的護烏桓校尉人生中最值得記錄的閃亮時刻，永遠定格在了這座墓室各個房間的總共一百多平方公尺的牆壁上。

邊境上的繁榮

自西漢以來，漢武帝繼承秦始皇追尋永生大夢的事業，聽信方士之言，不斷努力向西域尋找可以抵達神仙世界的天馬。為了掃清和鞏固天馬來到中原的道路，他與繼任者一起，不斷地對匈奴用兵，結果造成了兩敗俱傷的局面，也導致匈奴終於分裂成南、北兩部。

在尋找天馬和神仙的過程中，漢朝在匈奴北面的大森林裡發現了許多不同於匈奴的人群。這些原本被當作「神仙」的人群，隨著和漢朝的交往，就沿著大興安嶺陸續南下，來到了漢朝的身邊。

自東漢以來，漢朝的邊防將領開始有意識地把這些同樣騎馬放牧的人群武裝起來，鼓勵他們和漢朝軍隊一起進攻北匈奴。就這樣，漢朝贏得了對匈奴的壓倒性優勢，匈奴部落不斷向漢朝投降，在漢朝定居。長眠在和林格爾古墓中的李將軍，就是在這樣的背景下，得到了多次升遷的契機。

從管理匈奴到管理烏桓、鮮卑，李將軍被壁畫記錄下來的人生閃亮點，折射了東漢邊境政策的變化痕跡。

這樣的政策，也對烏桓、鮮卑產生了深遠影響，為了鼓勵他們進擊匈奴，東漢提供了大量誘人財富物資，其中最重要的是穀物糧食。從壁畫上讓李將軍非常驕傲的穀倉可以看到——高頭大馬上的北方騎兵為了獲得糧食，對李將軍俯首貼耳，讓他享受著盛大的排場。

〈寧城圖〉，呼和浩特市和林格爾縣東漢墓壁畫。表現了在寧城設立的「胡市」中東漢與烏桓、鮮卑的互市。

這些糧食讓北方騎兵的人口急劇增長。更多的糧食帶來了更多的騎兵，更多的騎兵積累了更大的戰功，更大的戰功又為他們贏得了更多的糧食和賞賜。這就像滾雪球一樣，產生了一個人口高速前進的增長循環。

我們在壁畫中看到的就是這種增長過程中的一個片段。騎著戰馬的北方騎兵，來到了護烏桓校尉的幕府，因為戰功接受賞賜。然後，他們又把剛剛得到的賞賜拿到市場上，購買糧食、金銀首飾、銅鏡、上好的布匹，甚至還有漢地製造的精良鐵器，帶著這些回到位於草原上的營帳。因為烏桓、鮮卑騎兵出手闊綽，所以漢朝內地的商人也紛紛前來出售貨物，提供歌舞娛樂。於是這一切，讓這個塞外小城，擁有了不亞於內地都市的繁華景象。

勞苦功高、富可敵國，就是這位護烏桓校尉人生頂點的精確寫照，他並沒有辱沒皇家的漢官威儀。只是這一切，與日漸疲弱的漢朝實況有些不太相稱。當鮮卑、烏桓從李將軍這裡取走越來越多物資的時候，他們終將變得富饒與強大，而這將永遠地改變東漢的命運。

從雇傭軍到對手

我們現在已經知道，原來的烏桓和鮮卑，只是一些二百多人的小型部落，他們在最初的發展階段可能比這個規模還要小。但在東漢政府，以及歷屆護烏桓校尉的鼓勵下，他們在短短一百年裡，就演變為上萬人的部落國家的雛形。這完全是漢朝的基本政策產生的必然結果。

鼓勵鮮卑和烏桓進攻匈奴，為東漢節省了大量開支。這讓東漢既不用擔心勞動力減少，也不用操心往戰地運送糧草的開支，只需要準備不算太多的賞錢就行了。誰叫鮮卑騎兵都是自備坐騎的廉價雇傭軍呢！得到賞錢的鮮卑，除了人口劇增以外，社會結構也發生了驚人的變化。如果「當兵」是收入最高的謀生手段，那麼何不全民皆兵呢？在漢朝金元政策的推動下，鮮卑社會大部分的成年男性成了不事生產的馬背騎士。這些騎兵得到了漢朝的經濟支援，並且提升了裝備技術，與常被圍剿的北匈奴相比，有著更高的戰鬥力。

為了獎掖他們的戰功，東漢政府還通過歷任護烏桓校尉對他們進行績效管理，對戰功卓著的部落首領，給予「率眾王」一類的榮譽稱號。這些稱號，在漢朝方面可能僅僅是一時興起、隨口謅來，但對於原本沒有太多社會階層，大部分都是平等成員的鮮卑社會來說，就成了人人生畏的權威階層的封號。

頂著「大王」的頭銜，加上護烏桓校尉給予的糧草和幣帛，讓鮮卑首領有機會招募其他部落加盟自己的軍隊。如同滾雪球一般，北方草原或森林上原本零散居住、放牧的群體，現在有機會團結在一個大王的名下，一起行軍打仗了——只要大王定期給他們發放賞錢。不用說，這些賞錢是從護烏桓校尉的穀倉、錢庫裡分撥而來的。

我們知道，在漢軍和鮮卑雇傭軍的夾擊下，北匈奴最終會從蒙古草原的西北角遁入茫茫中亞。有朝一日，作為曾經的「賞金獵人」，鮮卑騎士們會突然發現，已經沒有獵物可尋了。沒有獵物，就意味著沒有賞賜；沒有賞賜，就意味著漢官的穀倉不會再向他們打開；沒有穀倉，就意味著他們位於漠南草原營帳中的家人將會挨餓。

經過歷任護烏桓校尉一個多世紀的努力，那些原本各行其是的牧民、農民或者獵人、手藝人，都已變成整齊劃一的馬背騎士。除了征戰劫掠，他們一無所長，而且他們現在已經有了一個發佈命令、進行指揮的大王了。

昨天還在漢官的府邸前受賞，今天就會因為饑餓衝擊官府的穀倉，拿走陳陳相因的錢糧。李將軍漢墓壁畫上曾經繁榮的集市，就此破敗、消失。昔日的雇傭軍，轉眼成為最熟悉的對手。

從這個時候開始，我們在史書中看到的鮮卑部落的形象終於豐滿起來。他們成為騷擾農業文化的討厭鬼，成為史書記載中的反面角色。然而，很少有人注意到，他們曾經是那位不知名的李將軍的得力幫手、最勇敢的騎兵，曾經在護烏桓校尉的穀倉前、集市中留下了自己的身影。

在不久的將來，漢朝就要面對最嚴峻的考驗，後面的故事都已見諸史端。不消說，鮮卑對三國、兩晉、南北朝的歷史，產生了不可磨滅的影響。

破解無字史書

這座位於內蒙古東部的古墓埋藏著一位不知名的「護烏桓校尉」，他的墓中留下的壁畫，幫我們解開了一個千古之謎：那些不斷出現在漢朝北方邊境上的騎馬民族從何而來？真相只有一個，他們不是從天而降，也不是突然南遷到漢朝的周邊，他們都是在一兩百年的時間裡，被漢朝培養出來的，只是因為時間跨度長，幾乎沒有文獻可以準確記錄這個過程。而今，他們已經從這座古墓的壁畫中顯露出自己的身影了。我們再沿著歷史脈絡往下想，就明白這一過程也折射出後來蒙古、女真民族的崛起之路。

墓葬中的壁畫，是中國古代美術史的重要組成，從漢代早期的畫像磚，到東漢中後期一直往後的彩繪壁畫，不僅具有藝術價值，更是一部隨時準備啟發我們的「無字史書」。不僅如此，再往後，中國繪畫中的人物畫、山水畫，甚至花鳥畫的傳統，可以說都是從這些繪製在墓葬中的獨特畫作發展而來的。

要理解壁畫藝術的真正內涵，離不開對當時歷史和人們精神世界的瞭解，此外，還要再加上一些想像力。人們之所以繪製壁畫，其實是努力呈現他們頭腦中對世界的認識。比如，後來的佛教寺廟、道教宮觀中的壁畫，是為了給信徒供奉的偶像提供更廣大的布景。

那位無名護烏桓校尉，通過他一生的「連環畫」，給我們上了一節「看圖說故事」一課。如何把壁畫中的資訊充分解讀，從亭台樓閣、官署、穀倉、集市，甚至馬匹和騎士的裝束，分析出一個驚人的故事，就是對圖畫觀眾最大的考驗——這種研究方法，被稱作「圖像志」研究。它需要我們把圖畫上的每條資訊，用文字描述、翻譯出來。通過這種「轉譯」，我們就能超越博物館中普通觀眾的走馬看花式觀察，變成一個見解獨到的解讀者與思考者。

我們對中國繪畫史的研究已經非常豐富，但對古代壁畫的瞭解還遠遠不足。那些繪製在敦煌、永樂宮牆壁上的壁畫，除了神祕莫測的彼岸世界、騰雲駕霧的神仙故事，還有很多歷史真相隱藏於其中。

說完隱藏在壁畫裡的鮮卑騎兵，我們在下一章裡又要把視角轉回到中原王朝，通過「書法」這門大家都知道的書寫藝術，探討王羲之和他背後令人悵惘的東晉王朝。

1 蓋山林，《和林格爾漢墓壁畫》，內蒙古人民出版社，二〇〇七年，第十一至十二頁。

永和九年歲在

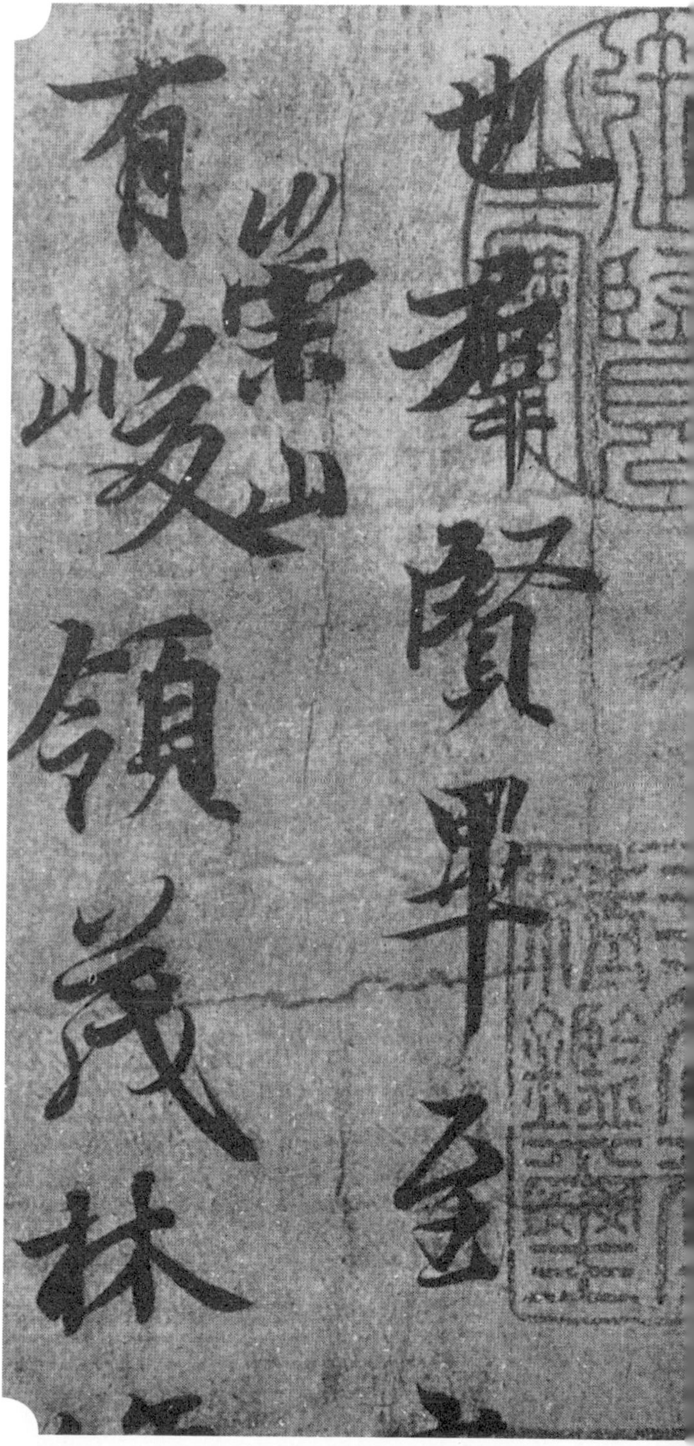

魏晉的困境

談過了隱藏在壁畫中的古代民族的崛起之路，現在讓我們換個角度，從書法這種中國獨特的藝術形式出發，探索魏晉時代，以及漢地居民思路精奇的應對之策。

我們對魏晉時代的瞭解，或許最初都來自《三國演義》。我們從這本小說中熟悉了魏、蜀、吳三國的奇謀妙計、義薄雲天，也瞭解了三分天下與三國歸晉。這本小說之所以引人入勝，一個關鍵點就是小說裡對大大小小的戰爭場面的描寫。而諸葛亮、司馬懿等人之所以計謀百出，也是為戰爭服務——如果不是為了戰勝對方，何必費盡心思、鉤心鬥角？

《三國演義》可以讓後世讀者大飽眼福，但對這些戰爭的親歷者而言，無疑是天大的災難。

從東漢末年的黃巾起義開始，漢朝以及之後的大部分戰爭，都發生在自己的邊境以內。早先，漢朝政府努力把戰火阻擋在疆域之外，先是招募氐羌出征西域，接著徵召南匈奴平服叛亂的氐羌，最後「賄賂」鮮卑騎士進剿匈奴。這一切的前提是，漢朝至少能保證自身生產（農業、紡織）區域的穩定輸出，用山東、河北的錢糧，去滿足雇用氐羌、南匈奴和鮮卑的費用。然而，隨著戰爭的頻繁發生，以及招募費用的節節攀升，難以應對的華北平民，走上了逃避、叛離之路。

以黃巾起義為標誌，包括火燒新野、赤壁之戰等後來我們耳熟能詳的經典戰役，全都發生在漢地王朝的核心區域。這些戰役我們之所以熟悉，原因之一就是戰爭發生地就在我們身邊，而發生在國境內的戰事無疑加劇了戰爭帶來的雙重惡果——田園荒蕪、農人流離，使漢地政府失去了最基本的經濟基礎，如此，更加無力組織有效的安撫措施，進而加速了原本就飽受外患的國家的分崩離析。

面對種種困境，一種古老的觀念，對人們產生了致命的吸引力。比如黃巾起義的主事者，就虛構了一個「太平世界」。這個世界同樣利用了華南本土信仰中的「神仙」觀念——秦始皇、漢武帝可以追求隱藏在博山中長生不老的神仙世界，普通百姓在現實壓力面前，同樣有理由追求那個幸福的彼岸世界。黃巾起義的主事者，通過宣揚永恆幸福的「太平道」觀念，吸收了山東、河北、江蘇等地的大量民眾。

這個時候，那個原本只有去世祖先之靈才會棲居的永恆之境，似乎改變了入口方向，成了無數生者爭先恐後以求安生的避難所。從某種程度上來說，這是所有宗教共同的源頭。

儘管黃巾起義在幾個月內就告停息，可對「太平世界」的追求，卻在接下來的魏晉時代裡無法止息，成為包括藝術探索在內的思想源頭。

宗師輩出的時代

魏晉是中國許多藝術的發源時期，文學上有曹氏父子的「建安風骨」，陸氏兄弟的辭賦；繪畫上有顧愷之、張僧繇等「六朝四大家」。

對於書法，魏晉更是開創紀元、名家輩出的鼎盛時期。比如今天流行的楷書的鼻祖，就是曹魏書法家鍾繇。草書同樣形成於東漢末年，繁榮於魏晉，最有代表性的是稍長於鍾繇、有著「草聖」之譽的張芝，他開創了「一筆成字」的書寫方式，對草書的發展有重大的推動作用。他們打破了早期篆書、隸書的壟斷局面，把書法往去繁就簡的道路上推進了一大步。從他們開始，中國字的寫法和我們今天就一脈相承了。

張芝和鍾繇這兩位書法家還有一個非常有趣的共同點。張芝的父親張奐是東漢末年的名將，擔任過護匈奴中郎將、度遼將軍（這個官職有資格調動鮮卑、烏桓等東部部落的軍力）等職。這使張芝從小就對當時的邊境戰事有著深入的瞭解。而鍾繇在擔任司隸校尉之時，也曾平定南匈奴單于的叛亂，這為他後來在曹魏時期位至公卿打下了基礎。

這個時代最偉大的書法家是王羲之。他比張、鍾二人晚半個多世紀出生，活躍在東晉之初。王羲之在楷書、草書方面博採眾長，吸收了張芝和鍾繇的精華，發展出自己獨特的風格，成為集大成的萬世「書聖」。《晉書》中稱王羲之的字「飄若浮雲，矯若驚龍」，從一板一眼的隸書中，變化出一種行雲流水的行書。

南朝宋的書法家虞龢在《論書表》一文中說：「洎乎漢、魏，鍾、張擅美，晉末二王稱英。」意思是說，鍾繇、張芝和王羲之，再加上王羲之的小兒子王獻之，就是中國書法殿堂中的四尊大神。他們後來被稱作「書中四賢」，以後的書法家，往前追溯傳承，必然要追到他們這裡。

中國書法的集中繁榮之所以出現在魏晉時代，並誕生了一位書法的大宗師，肯定不是一種偶然。王羲之能成為書聖，不僅因為他天賦異稟，前輩學者還表明了一個非常有

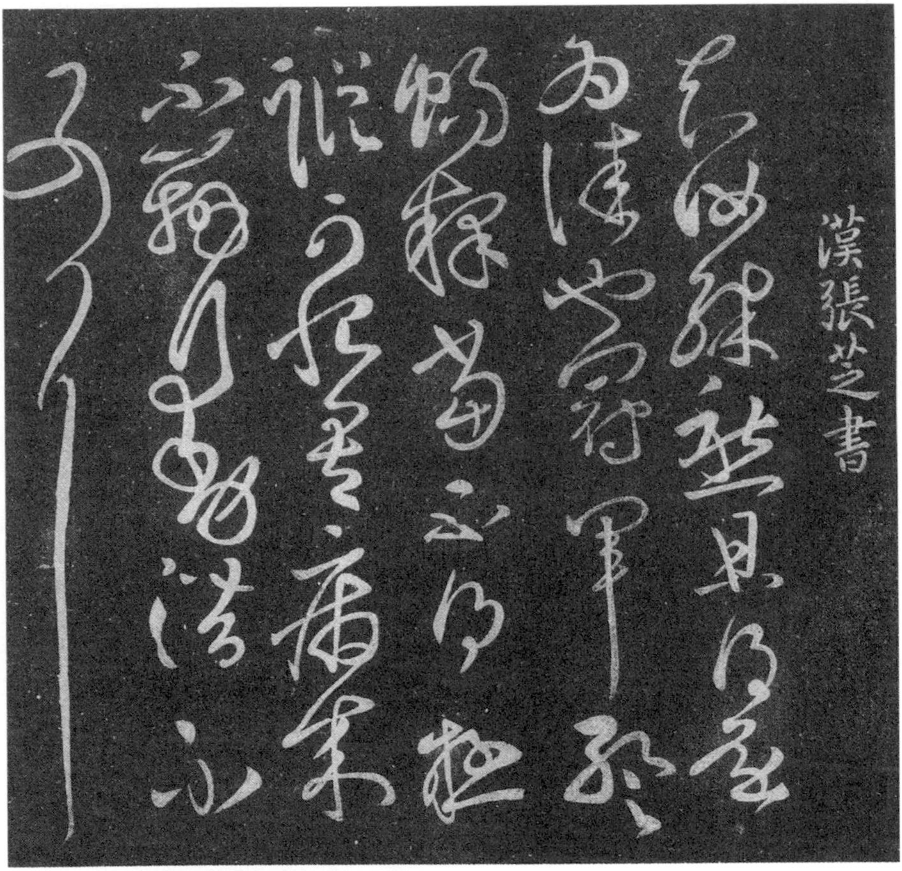

東漢張芝《冠軍帖》（淳化閣本）。

意思的原因：他的家族具有一種與眾不同的特徵。歷史學家陳寅恪在《天師道與濱海地域之關係》裡提出過一個觀點，認為王羲之家族的好幾輩都是「天師道」的骨幹成員。正是這種宗教本身的需求，為王羲之和王獻之的書法和人生提供了獨特的氣質。

我們知道，「天師道」和引導黃巾起義的「太平道」是一脈相承的。這種宗教氛圍與王羲之的人生相伴始終，也反映了他所在的魏晉時代陷入的困境。當我們從這個角度重新審視「魏晉風度」時，或許就能發現一些困擾南朝人士的現實煩惱。

接下來，我們就從王羲之的書法和道教的關係中，探索書法如何成為一種具有魏晉時代烙印的藝術產物，並折射出這個時代的真實一面。

颶風之眼下的蘭亭會

西元三五三年的暮春，也就是東晉穆帝永和九年的春末，東晉對後趙的北伐正在緊鑼密鼓地準備中。時值後趙內亂，東晉打算派遣建武將軍殷浩興師北伐。而在南方的紹興，殷浩的摯友、當地最高地方長官紹興內史王羲之，在一個叫蘭亭的景點組織了一次

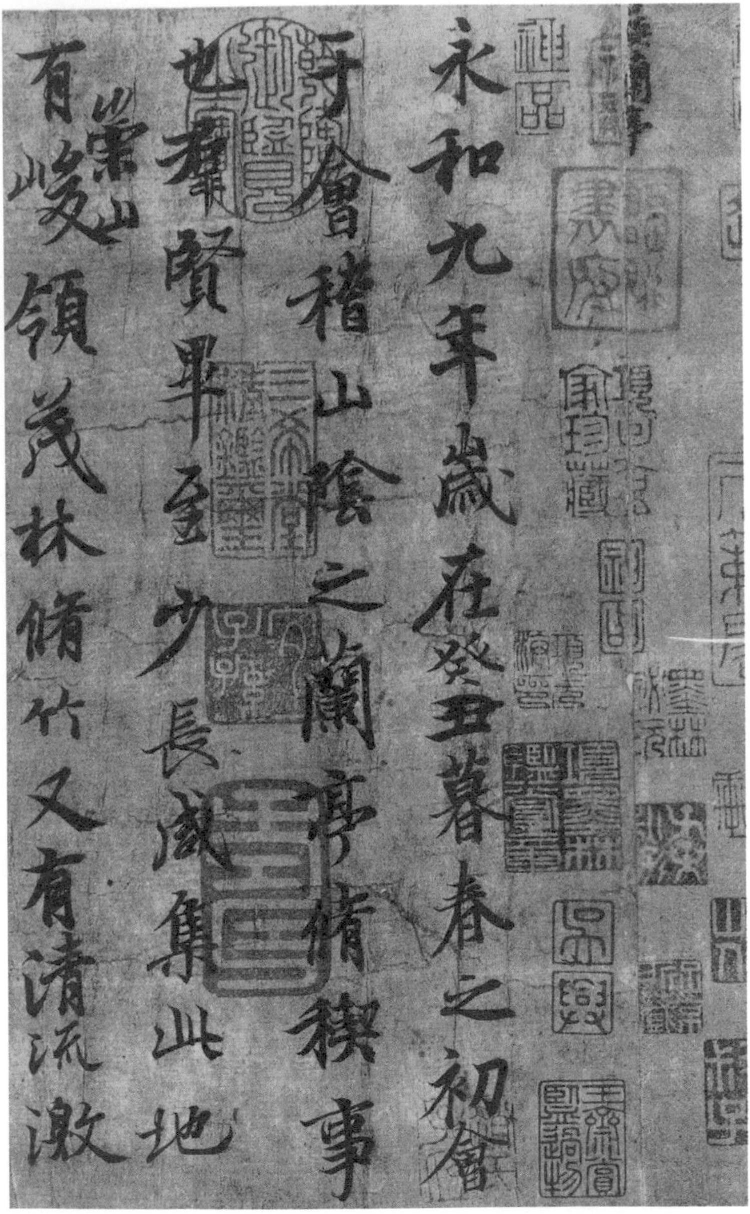

神龍本《蘭亭序》（唐朝馮承素摹本）局部，現藏於北京故宮博物院。

聚會。加上他，一共有四十二個地方官員和親朋好友參加了此次活動，其中也包括他的幾個兒子。

雖然北方的戰事正在醞釀中，但這群人卻遊興正濃。他們閒坐於竹林，面前一條小溪流淌。他們畢竟是當時最有名的一批文人，所以決定玩點高雅的遊戲。他們在小溪裡放了一只半滿的酒杯，任憑酒杯隨溪水流動，在誰的面前停下，誰就得飲盡杯中酒，並當場吟詩一首。這種玩法就是屢受後人稱道、效仿的「曲水流觴」。

參會的四十二個人中，只有二十六個人完成了挑戰，十六個人挑戰失敗，包括王羲之的兒子王獻之。

這二十六首詩被收入了一部叫作《蘭亭詩》的小集子，一直流傳下來。王羲之作為此次集會的東道主，還特意為詩集作了一篇序文，稱作《蘭亭集序》。雖然參會的人士中不乏當時的詩文大家，比如以文采著稱的孫綽、謝安等人，但他們的文字都不如王羲之的這篇序文有名。

其原因之一固然在於王羲之書法的精湛。當時他正值壯年，書法功力盡顯，使這篇序文成為中國書法的巔峰之作。原因之二是這篇文章作為魏晉散文的典範，表達了「向之所欣，俯仰之間，已為陳跡，猶不能不以之興懷」的心境以及「古人云：『死生亦大矣。』豈不痛哉」的感慨。

這篇書法的手稿，在王家傳承了七代，傳說被唐太宗李世民收藏，最後帶入昭陵隨葬。我們今天看到的《蘭亭集序帖》，是唐代以前的書法家根據王羲之真跡臨摹的，後都被收入宋太宗時摹刻的《淳化閣帖》中，得以流傳後世。

這份叢帖一共十卷，除第一卷為歷代帝王書法，第二到五卷都是歷代名臣和書法名家的字帖。而王羲之一個人的書法就占據了六、七、八三卷，《蘭亭集序帖》大約是其中最有名的，他的兒子王獻之又占了最後兩卷，王家父子的書法占據了這部叢集的一半。就是這份北宋時完成的《淳化閣帖》，奠定了王羲之中國書法第一人的地位。

說完《蘭亭集序》的故事後，也大致瞭解了王羲之被塑造為「書聖」的過程，我們還有一個問題沒有解開——這個颶風之眼下的安逸故事背後，似乎還隱藏著另外的驚濤駭浪。

我們知道，永和九年東晉正值用人之際，主持朝政的是和王羲之私交甚篤、曾任會稽王的司馬昱，而北伐領軍又是他的摯友殷浩。但他作為紹興內史，卻在自己的轄地召集了一場蘭亭修禊的聚會。這會不會給「書聖」的形象留下一點瑕疵呢？

王羲之的隱藏技能

為了解開這個疑惑，我們還要回顧一下王羲之的家庭背景和時代特徵。

按照通俗的說法，王羲之學習書法的過程是這樣的：他自幼跟隨當時的女書法家衛夫人學習；長大以後，分別從前輩鍾繇的楷書、張芝的草書中領悟到了書法的真諦，然後勤學苦練，成為一代宗師。

然而事情並沒有這麼簡單。王羲之的家族，屬於東晉著名的琅琊王氏，追隨司馬睿南渡有功，一直擔任東晉的輔國重臣。雖然父親王曠在他早年就已去世，但王羲之有一位叔父，名叫王廙，對子侄輩都非常照顧。王廙不但是東晉的輔國將軍，而且在書畫方面堪稱一流，在東晉之初被稱為「江左第一」。此外，王羲之的岳父名叫郗鑒，擔任過東晉的太尉，也是當時有名的書法家。他挑選女婿的方式很特別，並不在意誰的官職更高、學問更好，也不看誰的字寫得好，而是在一群相親面試的小夥子裡，挑選了一個靠在床上、衣冠不整、袒胸露腹吃大餅的青年，並留下了「東床快婿」這個成語。而這個小夥子就是二十二歲的王羲之。

王羲之生長在這樣的環境下，既有家學淵源，又有家族背景，想不練好書法也很難。不過，王羲之的叔父和岳父除了都是著名書法家、東晉高級官員這兩個相似點外，還有一點，他們都是當時有名的道教信奉者，並且在道教中擔任了重要職位。這點已經有研究者充分考證出來了。[1]所以，當年岳父挑選女婿時，偏偏挑中一個不修邊幅、具有隱士風度的王羲之，不是沒有道理的。除了王羲之的這兩位長輩，文獻還記載，他的兒子、小舅子都信奉道教。而且這幾位都出現在了永和九年山陰蘭亭的聚會中。

陳寅恪先生曾經論證，和王羲之交往最密切的有兩類人，一類是書法名家，另一類就是當時有名的道士[2]，就像他的叔父和岳父一樣，而這兩類人士其實是高度重合的。東晉流行的道教，是名為「天師道」的上清派，這是東漢末年「太平道」的最新支系。它受到佛教的很大影響，鼓勵人們通過修行，讓靈魂進入上天的仙境之中。

在天師道的修行方式中，除了歸隱山林外，還有三項具體行動：第一，抄寫大量道教經文，積累修為；第二，想像自己遨遊玄妙的仙境，並把這些經歷用「奮筆疾書」的方式記錄下來，我們也可以把這理解成「草書」[3]；第三，高等級的道教人士，可以為普通信徒書寫用於消災的「符籙」，也就是我們通常調侃的「符咒」、「鬼畫符」。這種道教符籙今天仍可看到，其中一個重要特徵就是，不論多麼複雜的符文，都是「一筆草成，堪稱龍飛鳳舞。

王羲之家族世代信奉「天師道」，也在教中任職。可以說，練習書法，就像是一種世代流傳的家族技能。正是這種大量抄寫經文的積累，加上寫「符咒」時的行雲流水，賦予了王羲之書法那種與眾不同的灑脫和飄逸。

來自永和九年的三封信

永和九年，蘭亭修禊前不久，王羲之給殷浩和司馬昱分別寫了一封信。這兩封書信的真跡雖然沒有留下，但書信內容保留在了《晉書》王羲之的傳記中。

他對殷浩說，東晉多年來多次北伐，增加了普通百姓的生產壓力，這樣的為政之道「殆同秦政」。而即將開始的又一輪北伐，除了是政府用殷浩來壓制桓溫的一項策略之外，對國家並沒有太大的幫助。因此他對戰事的前景始終抱著一種悲觀態度。

他在給司馬昱的信中，重申了同樣的道理，並且以更具體的資料，痛陳了東晉北伐的癥結。要從長江流域遠征洛陽、許昌，並繼續推進到黃河沿線，需要非常高昂的後勤支出，這種「千里餽糧」的舉措，「雖秦政之弊，未至於此」。因為對於東晉而言，已經無法組織起支撐如此大規模戰事的生產基礎了。

然而，無論是東晉政府還是殷浩，都沒有聽從王羲之的建議。在之後兩年中，殷浩的北伐在許昌附近徹底失敗，東晉損失慘重。為晉軍戰鬥到最後的一位中級軍官，是四川廣漢人王彬之，死於安徽蒙城。很少有人知道，他也曾是永和九年山陰聚會中的一員。最後殷浩被貶為庶民。王羲之則在永和十一年（西元三五五年）辭去了會稽內史的職務，徹底地追求他的「放浪形骸之外」去了。

在辭官之前，王羲之還給尚書僕射謝安（後來淝水之戰的指揮官）寫了一封信，簡述了自己辭官的主要原因。從這次北伐開始，參與運糧和軍隊後勤補給的百姓便苦不堪言，紛紛逃亡。而負責組織百姓運糧的下級官員，因為無人可派，索性一同逃跑了。源源不斷的逃亡，連刑法坐監也無力禁止。王羲之這位紹興當地的最高長官也無能為力，

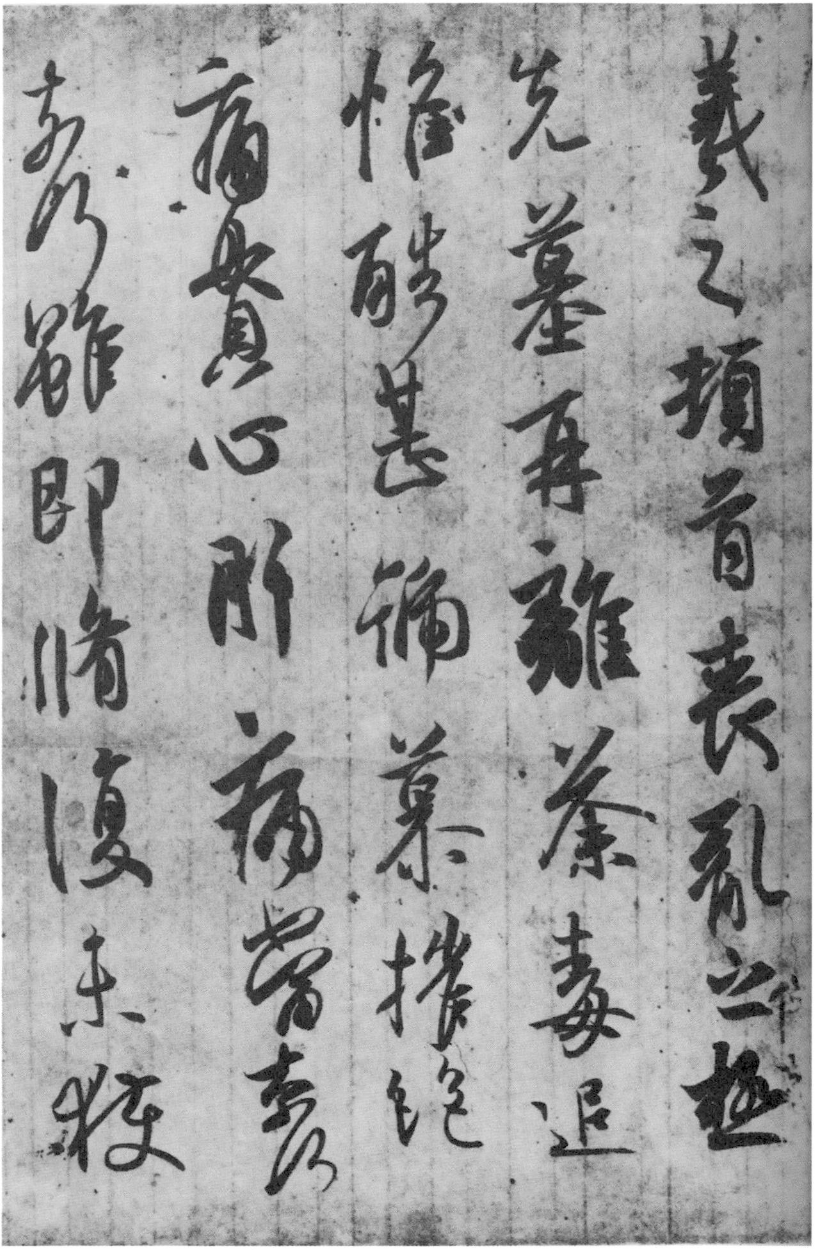
羲之頓首喪亂之極
先墓再離荼毒追
惟酷甚號慕摧絕
痛貫心肝痛當奈何
奈何雖即修復未獲

王羲之《喪亂帖》局部，現藏於日本宮內廳三之丸尚藏館。

他不能為政府的軍需徵集糧草，也不忍坐視百姓受到無情的重責，只好效法那些低階官員，辭職不幹，逃往那無人催討的「仙境」算了。

王羲之辭官後居住在剡縣的金庭，那是紹興南部山區的一塊小盆地。他和道士朋友遊山玩水，留下許多書法作品，還喜歡飼養大鵝。然而，根據道教文獻記載，王羲之晚年由於眼睛逐漸失明，已經看不見字，更無法書寫。有一種可能是，他長期服用含有硫化汞成分的丹藥，導致雙目失明，並最終因為重金屬中毒而去世。而之所以養鵝，是因為當時的煉丹者認為，食用鵝肉是緩解汞中毒的一種理療方案。

「天師道」的各種歸宿

從王羲之成為「書聖」的故事中，我們不難看出東晉面臨的困境。王羲之曾經感嘆「以區區吳越經緯天下十分之九，不亡何待」，意思顯而易見：東晉核心的吳越之地即便產能再高，也不足以支撐統一中國的高額軍事開支。

這既反映了東晉多次北伐無一成功的根本原因，也為王羲之的「放浪形骸之外」給出了合適的理由。人們原本以為，逃脫戶口，遁入「天師道」許諾的仙境，只是普通百姓面對殘酷現實的無奈對策。而從王羲之這裡，我們可以看到，國家的生產下滑對社會上層人士的影響也同樣嚴苛。身為東晉政府高官，因為不願壓榨百姓，也因為百姓流失，無人可遣，同樣不得不選擇天師道作為自己的歸宿。

從普通百姓到上層貴族，都渴望能回到一個沒有戰爭、不用受國家派遣的太平世界，成為自由自在、無憂無慮的神仙。為達到這個目標，少不了進行各種修煉。或者是嘗試各種丹藥，讓自己白日飛升；或者是放棄家庭，遁入山林；或者就像王羲之家族世代奉行的那樣，抄寫經文，書寫符咒，求得消災延年。

正是這樣一種獨特的時代背景，給王羲之的書法提供了難以複製的創造土壤。從南匈奴到鮮卑，再到了氐羌，南邊政府的對手換了一個又一個。北方政權通過「北伐」的反作用，摧毀了南方的生產基礎，無意中卻為書法的創新提供了獨特的土壤。從這個角度來說，當初張芝於創造「一筆」草書之際，或許，已經預見性地澆灌了王羲之所遇所感的萌芽。

這樣來看，永和九年的蘭亭聚會，其實並不是王羲之違背時勢的孟浪之舉，而是對現實境遇無言的反抗，而著名的《蘭亭集序帖》則以一種怪誕現實主義的方式，成為那個時代的注腳。現實是殘酷的，蘭亭聚會之後，東晉北伐失敗。很快，王羲之也走上了辭官歸隱，並最終服食丹藥身亡的道路。

無獨有偶，在北方諸族建立的王朝中，同樣可以看到「天師道」的身影。北朝著名的道士寇謙之，和王羲之一樣，在名字當中也有個「之」字，這是「天師道」信徒的普遍特徵。他是北魏太武帝拓跋燾的「國師」，甚至在朝廷重臣中還擁有兩位舉足輕重的信徒——左光祿大夫崔浩，以及崔浩的表兄弟、中書博士盧玄。而崔氏和盧氏兩家在北朝歷史上，同樣以書法著稱。

當東晉及其南朝繼承人在宗教的推動下，面臨社會生產方面的鬆弛之際，他們的北方對手也面臨著同樣的問題。南北雙方不約而同地以這樣一種手段，將秦漢以來的神仙信仰發揮到了極致，藉此表達對戰爭的反對，催生出了中國書寫藝術的奇葩。儘管他們化為書寫經文、符咒的具體修煉行為，並沒有任何實際作用。不過，東晉末年，盧玄後人盧循與孫恩一同在會稽發動「天師道」叛亂，殺死了王羲之的次子王凝之。這兩支「天師道」之間的碰撞，給了東晉最後沉重一擊，拉開了宋、齊、梁、陳的大幕。

今天，當我們追慕「魏晉風度」時，有沒有想過，這頗為頹廢的整體氣質，其實代表了一種內心的惆悵。我們在欣賞魏晉名家的書法作品時，應該想到，這或許也是他們修行慕道的真實紀錄。

不過，另一種外來宗教的繁榮，即將打破這種平衡。雖然佛教在誕生之際，有著和道教相仿的社會機制，但是它在南朝和北朝所受的不同待遇，將使其在南北雙方發揮出截然不同的作用。這種作用即將通過另一種藝術形式的發展，展現在北魏王朝的發展藍圖中。下一章，我們要談到佛教石窟造像對北朝政治的影響，正是這種藝術創新，最終改變了南北之間的微妙關係。

1 祁小春，《邁世之風》（下篇），文物出版社，二〇一二年，第四八六至四九二頁。
2 陳寅恪，《天師道與濱海地域之關係》，收入《金明館叢稿初編》，三聯書店，二〇〇一年。
3 王家葵，《陶弘景叢考》，齊魯書社，二〇〇三年，第一二八至一二九頁。

第六章

隱藏在石窟裡的北朝皇帝

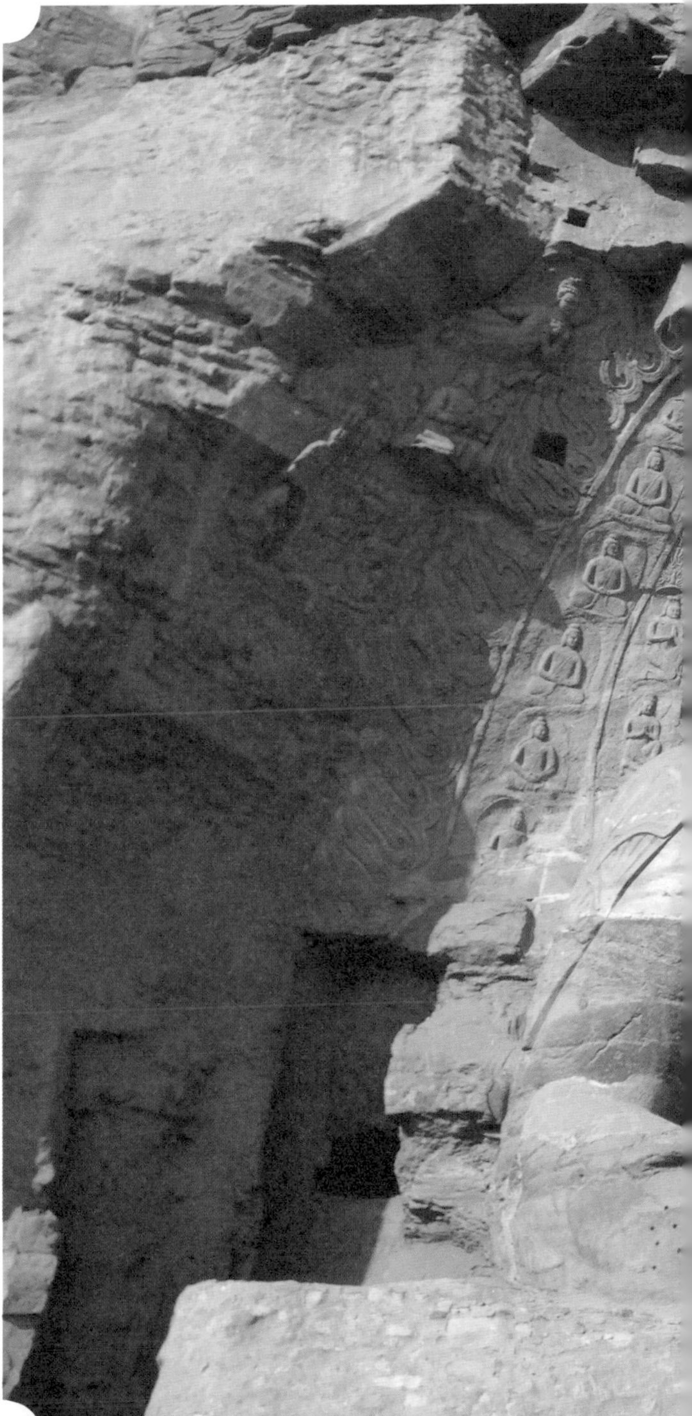

北朝的意外收穫

相比南朝宋、齊、梁、陳的一路繼承，北朝的統一之路顯得有些多元化。東晉「八王之亂」時，匈奴左賢王劉淵以恢復漢朝為名，在離石稱帝，建立了漢國（史稱漢趙或前趙）。建都之地離石在第四章的「『李將軍』傳奇」中已經出現過了，自東漢中期起一直都是南匈奴的駐地。

在漢末、曹魏時代，南匈奴仍然是附漢的北方諸族中勢力最大、最親漢的一支。曹魏一般都通過徵發南匈奴去震懾、駕馭氐羌等西部人群。這種間接的管理方式，給南匈奴提供了很大的任免自由和發展空間。西晉末期，南匈奴建立的前趙，為了健全自身的統治體系，在短期內擴大規模，很快複製了曹魏時期的政策，以直接給予氐羌等部落首領官職的方式，將後者引入了地方政權的上層空間。

與之對應，東晉方面為了遏制前趙的分立勢頭，則以支援東部鮮卑的方式，培養出了另一支勢力。這為鮮卑部落的最終崛起埋下了伏筆。

所以，十六國時期的大致局勢可以基本概括為：西部氐羌系統的「三秦」（前秦、西秦、後秦）與東部鮮卑系統的「四燕」（前燕、後燕、南燕、北燕）之間的交錯對峙。東、西兩部人群的互相交戰，形成了一種循環關係：前秦攻東晉（慘敗），東晉北擊諸燕（時勝），而燕國則頻頻西進（擾秦）。這種每支力量各執一角，相互攻擊又不能守勝的關係，使北方民眾處於疲於交戰的轉運和人口遷移之中，但也為位於北方草原邊緣的北魏最終南下、併燕吞秦創造了條件。

北魏崛起的過程頗具戲劇性。頭兩任君主都在東、西兩邊的夾擊下左右為難，開國之君道武帝拓跋珪因服用「求仙之藥」五石散而早薨。直到第三任皇帝太武帝拓跋燾時期，才扭轉局勢。他通過北征柔然、西征河西走廊上的各國，鞏固了西北局勢，然後向南、向東，順勢一舉掃除西秦和北燕，結束了北邊各部交戰的混亂局面。持續的戰爭狀態對社會的生產是一種巨大的消耗，它不斷耗費著民眾的產出與熱情。這樣的狀況，使北魏和南邊的東晉一樣，讓「天師道」散播傳布的「太平世界」找到了自己的市場。

不過，當太武帝於西元四三九年攻克河西走廊上的小國北涼國時，他除了一舉虜獲三萬多戶人家和二十萬頭牲畜外，還有一個意外的收穫。他從北涼這個河西走廊上的第一個「佛國」，帶回了大批佛教徒與一個僧人。他或許沒有想到，在不久的將來，這個

雲岡石窟第十六窟主尊，依照北魏開國皇帝道武帝形象雕刻而成。

僧人將把他的頭像鑿刻在平城（大同）通往塞外的山崖上，同時用佛教改變了這個以鮮卑文化為基礎的國家的精神氣質。

石窟寺的起源

在平城通往塞外的山崖上有一座石窟，即中國四大石窟之一的雲岡石窟，另外三座分別是洛陽龍門石窟、天水麥積山石窟和敦煌石窟。雲岡石窟不是四大石窟中最早建成的，但是是規模最大的。這四座石窟的開鑿順序依次是自西向東，從敦煌到麥積山，再到雲岡，最後才是龍門，符合佛教沿著河西走廊向東傳播的進程。

佛教源自印度，和所有宗教一樣，它源自一種對死後世界的想像。這種去世後要去往的永恆之鄉，在人們被社會生活壓力擊倒之際，就被當作可供歇息的避難所了。為了使這個現世的避難所顯得真實可信，宗教藝術家們通過塑像的形式，把那些偉大的死者（祖先）栩栩如生地塑造、雕刻出來，讓人們彷佛置身於一座不朽的萬神殿中，成為永恆世界的一部分。

為了體現這種永恆感，人們嘗試用金屬（黃銅、黃金）鑄造佛像，也用木雕、泥塑彩繪塑造非金屬造像，來展現塑像輕柔生動的一面。但是，這些都不及在巨大的山崖上開鑿彷佛和岩石渾然共生的雕像來得震撼、永久。

事實上，按照今天對佛教寺院的研究發現，佛寺最初源自一些著名苦行僧的墳墓。他們生前會在洞窟中苦修。這些洞窟往往在山岩上挖掘而成，為了避免坍方，開鑿者會學習古代採石匠的技藝，在洞窟中央留下一段石柱，使之成為洞窟的天然支撐物。這些苦行僧去世後，追隨者會把他們的形象用塑像的形式再現，把他們生前的種種事蹟刻畫在岩石上，尤其是洞窟中央的石柱上。這些充滿苦修者生活資訊的山洞，就成為石窟的最初形式，而中央石柱則演變為我們後來所熟悉的佛塔（梵語稱作窣堵波）。[1]

在後來的崇拜者眼中，那些早期的著名苦行僧就是這座萬神殿中不朽的神靈，為了顯示其偉大，他們被塑造得越來越大，以巨大的身軀拉開和生者的距離。從最初的洞窟，到塑像，到最後只有巨大的山崖才能表現他們無比偉岸的身形。阿富汗北部斯瓦特河谷的巴米揚大佛就是其中的代表。這些佛像由於雕鑿在自然界的山體上，與山石渾然一體，所以無法移動。信奉者無法先建寺院後建佛像，所以只能先在山體上開鑿巨型石

雲岡石窟第一窟中心塔柱，即梵語窣堵波，又稱浮屠、塔廟、支提，本義為墳塚，後演變為中國式佛塔。

龕，然後向外搭建屋簷，這種形式的石窟稱作佛殿窟。而相應修建的大殿以及僧舍等建築的寺院，則被稱作石窟寺。

中國最著名的石窟寺，就是以大同雲岡為代表的四大石窟。這些石窟差不多都開鑿於魏晉之後的十六國時期，以北朝為最盛，唐朝中期以後走向沒落。它們的產生都可以追溯到同一個時代，就是北魏。

四大石窟中，氣勢最雄偉的就是雲岡石窟，因為它有著非常清晰的官方背景。最先開鑿的五尊佛像，是完全按照北魏開國的五個皇帝的容貌一一重現的。從此以後，佛教在北朝成為最重要的宗教，並一直延續到唐代。隨著北魏上層離開平城，南下洛陽建都，後起的龍門石窟算得上是雲岡石窟的進一步延伸。可以說，雲岡石窟的開鑿對中國重新走向統一有著不可或缺的作用。

北魏的佛教「總統山」

北魏是鮮卑族拓跋部建立的朝代，它繼承了漢朝以後中原王朝的制度，但也引進了一些新的觀念和制度，對佛教的崇拜就是其中之一。

佛教的興起與北魏的第五個皇帝文成帝拓跋濬有著莫大的關係，他是統一北方的太武帝拓跋燾的孫子。按照《魏書．釋老志》中的記載，拓跋濬某一日外出，他的御馬咬住了一個和尚的衣服，這個和尚名叫曇曜，來自甘肅涼州，以前生活在位於河西走廊的北涼國。太武帝當年攻破北涼時，俘虜了三萬多戶帶回首都平城充實人口，曇曜也是其中之一。

曇曜因為被文成帝的御馬咬住，就這樣和皇帝結緣，後來成為北魏國家最高宗教管理機構「沙門統」的總負責人。他擔任這個職務後，馬上向皇帝建議，要在大同西邊通往塞外的交通要道上修建五座石窟。[2]

這是北魏首次有人提出開鑿石窟的議題，在這以前，中國北方只有北涼、西秦這些河西走廊附近的國家建造過石窟。北魏在第一代皇帝道武帝拓跋珪時期曾出現過道教與佛教並立的局面。但由於佛教寺院吸收了大量逃避官方稅役管理的平民，加上崔浩等信奉「天師道」的高層官員反對，第三任皇帝太武帝便以寺院參與謀反為名，進行了毀寺驅僧的行動。這讓佛教在北魏的發展一度受挫，曇曜等僧人的奉教活動也陷入低谷。

雲岡石窟第二十窟，依照北魏第五位皇帝文成帝形象雕刻而成。顧雯攝於雲岡。

不過在太武帝晚年，崔浩因「國史」事件被滅族後（權臣崔浩在修編鮮卑早期歷史時，過於秉筆直書，導致了鮮卑貴族的不滿），道教勢力下降，佛教力量復蘇，已經成為不爭的事實，儘管那年的年號還是太平真君十一年（西元四五〇年）這樣一個明顯具有「太平道」特徵的名稱。

曇曜最初是「道人統」的負責人，後來隨著佛教力量的增長，這個機構也就順勢易名為「沙門統」。他最重要的一項工作，就是向文成帝建議開鑿五座巨型佛殿窟。每一座都是二十至二十五公尺高的佛像，最高的一尊達十七公尺。這就是雲岡石窟中最早開鑿的洞窟。更讓人震撼的是，這五座大佛的姿態雖然有坐有站，有釋迦牟尼佛，還有兩腿相交的彌勒佛，但他們的面容卻是中國人的樣子。因為他們就是按照北魏開國以來的五位皇帝的容貌雕鑿而成的。其中除了主持「滅佛」的太武帝及其以前的兩位，還有文成帝和他的父親。

曇曜和尚為什麼要在山崖上雕出北魏皇帝模樣的佛像呢？大概有兩個原因——

第一，當文成帝重新支持佛教後，主持工作的曇曜，作為太武帝滅佛行動的倖存者，他覺得泥塑、木胎的佛像在外力面前非常脆弱，只有用石頭雕刻成巨大的塑像，才能經得起時間和人力的考驗。

第二，早在北魏建國初期的道武帝時代，就有一位僧人在朝拜皇帝時提出「我非拜天子，乃是禮佛耳」的言論。意思就是說，佛教徒在朝拜皇帝時，應該和拜佛一樣，因為君主也可以是佛的化身。有這樣一種朝拜皇帝的觀念，自然就出現了披著袈裟的北魏皇帝塑像了。

以上這兩種說法都言之成理，所以雲岡石窟一開始就有了如同美國總統山一樣的五座巨大佛像。

北朝的全新動力

雲岡石窟寺的出現，尤其是以北魏皇帝容貌為藍本建立的曇曜五窟，並不僅僅是對皇帝的諂媚。佛教和道教一樣，在一開始，通過一種彼岸觀念，使人們遠離社會生產生活，對社會統治產生了消極影響。這也是太武帝時期佛教受到壓制的原因。

與此同時，東晉境內的佛教團內部也爆發了「沙門不敬王者論」的著名論戰。意思是，和尚不應該向皇帝朝拜。最後，辯論的結果是南方佛教內部接受了這個觀念，這就決定了南方佛教遠離政權中心的基本路線。

然而，佛教與道教的區別在於，佛教還具有一種輪迴觀念。藉此，它修正了彼岸世界所帶來的現實疏離感——之前已經離開此岸的著名修行者，會重新降生到這個世界，使當下變成一個真實的佛的國度。相比之下，道教也會偶爾通過降神附體的形式，召喚已達彼岸的著名歷史人物來為現實世界服務（比如，驅鬼除魔、求卜問卦、臨陣殺敵等），但在完成臨時性任務後，會將請來之神再次送回。而佛教的轉世觀念，則像是一種一勞永逸的「降神附體」，把歷史上的著名人物變成了與今天對應角色的「前世」。

正如中南半島上直至晚近一直存在的上座部佛教國家那樣，社會中的每個成員同時也是佛教版圖中的一員。他們在履行自己社會職責的同時，也是在完成宗教軌跡上的修行。兩者完全可以在世俗的舞台上實現同步，形成一種有趣的相互促進模式。這種相得益彰的表現，也體現在一千六百年前的北魏社會中。

隨著雲岡石窟五座巨大佛像的開鑿，宗教在上至鮮卑貴族、下至普通百姓心中，都產生了不小的改變，一舉掃除了佛教對北魏社會生產的消極影響。佛國不再是遙遠的彼

雲岡石窟第十五窟南壁千佛。

岸世界，而是現實生活本身。既然北魏皇帝就是如來佛的化身，皇室的後宮嬪妃、貴族、大臣，也就是比佛祖低一些等級的菩薩、羅漢，普通民眾則成為佛教中的供養人。這樣，現實生活中的所有人，都在佛教世界中找到了自己的位置。過去那種追求虛無縹緲佛國世界的嘗試，變成了「活在當下」的精彩人生。

佛教還給北魏政治的合法性提供了依據。支持五尊佛像的文成帝拓跋濬英年早逝，留下皇后馮氏和幼年皇帝，開始了馮太后垂簾聽政的時代。

西元四八九年，雲岡石窟的十七號洞窟中，開鑿了一座彌勒菩薩與「二佛並坐」的石窟。佛龕中刻有幾乎一模一樣的兩尊佛像，但細看之下有著微妙的區別。其實這是代表過去的多寶佛和代表現在的釋迦牟尼，他們的同時出現，實際上象徵著舊時代和新時代的並存和交替。「二佛並坐」石造像，和馮太后與小皇帝垂簾聽政的事實完全吻合，折射出這個時代「二聖執政」的特有政局。後來，「二佛並坐」這一題材在雲岡石窟裡就發現了三百八十多處，可謂非常流行。

就這樣，五座大佛將北魏開國五帝納入了佛國體系，給國家的發展提供了精神上的加持，激發了民眾超乎尋常的熱情。這一次，佛教造像則為北魏政治提供了合法性的依據，而政治又給佛教藝術提供了表達的空間，兩者結合，把那個時代的特徵留在了大同塞外的山崖上。

佛教影響的南北差異

正如我們之前在「沙門不敬王者論」的辯論中看到的那樣，在南方和北方同時蔓延的佛教，對於南北方產生了完全不同的效用。南方佛教儘管有著「南朝四百八十寺，多少樓台煙雨中」的記憶，但無論是天台宗還是淨土宗，都選擇將彼岸世界作為自己的解脫，遠離了當下的世俗生活。因為佛教寄託了人們逃避現實去往極樂世界的願望，所以在一定程度上削弱了世俗政府的統治，降低了社會的生產能力。這就是南朝各代在信奉佛教，大規模開建寺院後，實力逐漸削弱，無法有力抵抗北朝的原因之一。

而北朝佛教「我非拜天子，乃是禮佛耳」的觀念，直接決定了將佛教與現實生活結合的願望。自從北魏開始建造雲岡石窟，完成曇曜五窟後，北朝社會的整體氣氛有了顯著改變。信奉佛教不再是一件逃避現實、追求來生的事，所有的修行都在今生有了結果和回報。在最初五窟開鑿後，雲岡石窟之所以不斷擴大規模，綿延百年，其中一個原因就是，這已經不僅是官方行為，而且是上至皇室貴族、下至富裕百姓都積極投身的一場全民運動。石窟成為個人能力得到旌表的一張公開的「排行榜」。與其說北魏雲岡石窟是人們想像中的西天景象，不如說這是一幅上至帝王、下至百姓的北魏眾生寫實圖。

除了大肆經營石窟，北朝還有一種佛教造像碑非常流行。造像碑在各地出土了許多，尺寸與一般提名碑類似，只是石碑的正反面都有大量小佛像，類似「千佛」形制。通常碑的側面會有題刻，寫明某人為父母及全家供奉云云。在碑刻上方，碑額下方位置，還有面部不甚清晰的佛與菩薩群像。以往研究者都認為，這是反映北朝民眾信奉佛教的一種物品。[3]事實上，結合我們上面所討論的佛國世界與碑刻側面的文字內容，碑額下方的「佛與菩薩群像」並非泛指的神佛，其實就是供奉者的「全家福」。

這類造像碑體現的就是信仰甚篤的供奉者想像自己一家完成了現實修行後，自然而然地就會穿上「菩薩」的服飾，在現實與彼岸獲得一個合格的「果位」。石碑上大量的「千佛」都是為上方的群像起襯托作用。

在這樣的「現實即修行」觀念的激勵下，北朝上下在佛教的加持下，形成了一種類似「政教合一」的統治體制。雖然石窟建造也要花費一定物力和財力，但從整體來講，這種高度亢奮的社會集體行為，一掃漢末以來「天師道」所營造的渙散氣氛，給北朝的發展及其對南方的擴張提供了充分的動力。在不久的將來，這樣的趨勢還將由西魏、北周，以及隋唐帝國進一步繼承。

從雲岡石窟的五座佛像和「二佛並坐」造像的背景故事中，我們可以回顧一下佛教與北朝政治的相互作用。北朝在統一中國的道路上，還有很長的路要走，一直要到北周後期才開始顯露出對南朝的壓倒性優勢。在優勢逐漸積累的道路上，許多因素都發揮了重大作用，比如北魏孝文帝改革後，生產、稅收以及社會管理方面的新政，都大幅增強了北魏的國力。但在這許多因素中，佛教對北魏政治的影響具有潛移默化的首要意義。

當然，在北魏後期，爆發過「大乘教起義」，北魏也因為生產乏力，在分裂中走向衰亡。但佛教在北朝發展過程中的推動作用，是遠大於消極作用的，這一點，至今在平城通往草原的山崖上仍依稀可見。

反過來，通過對北魏歷史的瞭解，我們也加深了對佛教藝術的理解，看懂了石窟中的造像。

雲岡石窟第十三窟東壁佛龕交腳菩薩，下方左右刻有鮮卑裝束的男女供養人像。

我們瞭解到，佛教藝術並不遠離我們的生活。雲岡石窟中一尊獨立的佛像往往是代表現在的釋迦牟尼，兩腿交叉的是代表未來的彌勒佛。這兩者的含義非常明確，把握當下，寄希望於未來。這分別是對人們今生和來世生活的保證。而彌勒佛對未來的許諾，往往會啟發人們對現實的抗爭。最有趣的則是「二佛並坐」的形象，產生於北魏馮太后「垂簾聽政」與小皇帝共同執政的背景下。這也影響了盛唐女皇武則天對佛教的審美品味，很顯然，武則天既是彌勒佛的擁護者，也對「二佛並坐」主題有異常的熱衷。

除了一佛、二佛的造像外，中國石窟和寺廟中還經常有三座佛像並存的結構。從雲岡石窟中的造像可以得知，這種結構又可細分為兩類，即按照時間劃分的豎三世佛，代表過去、現在和未來，以及按照空間劃分的橫三世佛，分別代表東方淨琉璃世界、婆娑世界和西方極樂世界。它們的共同點是，居於中間位置的都是釋迦牟尼（現在世、婆娑世界）。

至於另外的四佛、五佛、六佛、七佛的組合，則代表了從密宗到淨土宗等進一步延伸出來的佛教流派觀念。

我們從北魏石窟中還看到了一個有趣的現象。北魏政治和佛教的結合，掃清了社會分化的危機，為北朝的發展和中國南北的統一創造了條件。當然，宗教本身的多義性，也通過南朝和北朝不同的「實驗」環境而得以體現。南北朝雙方都信奉佛教，但對佛教的不同解讀，對兩個社會的發展產生了相反的效果。南朝佛教令國民遠離現實，削弱了國家的實力。而北朝佛教既有前者的一面，也存在與現實結合的一面，推動了佛教的世俗化轉變，從而凝聚了從上到下的全體國民，增強了社會的生產能力，為北朝最後的勝利，打下了精神和組織上的基礎。從這個角度來講，佛教對中國歷史的進程也具有積極面的意義。

不過，佛教的價值與影響遠不止這些。下一章，會繼續談到佛教觀念在唐代以後的推廣，以及它如何促進了茶葉的生產和瓷器製造業的發展，並最終推動瓷都景德鎮的出現。

1 宿白，《中國石窟寺研究》，文物出版社，一九九六年，第二十一至三十八頁。
2 張焯，《雲岡石窟編年史》，文物出版社，二〇〇六年，第四十一至四十五頁。
3 〔日〕石松日奈子著，《北魏佛教造像史研究》，〔日〕筱原典生譯，文物出版社，二〇一二年，第一七〇至一七五頁。

陸羽烹茶圖

古弁先生前
屋宕課僮煮
茗雲雪間奇
淨不受浮煙
延衡泌栖運
孤清□畫
鴻頴

睡起山□渴思
長呼童剪茗谿

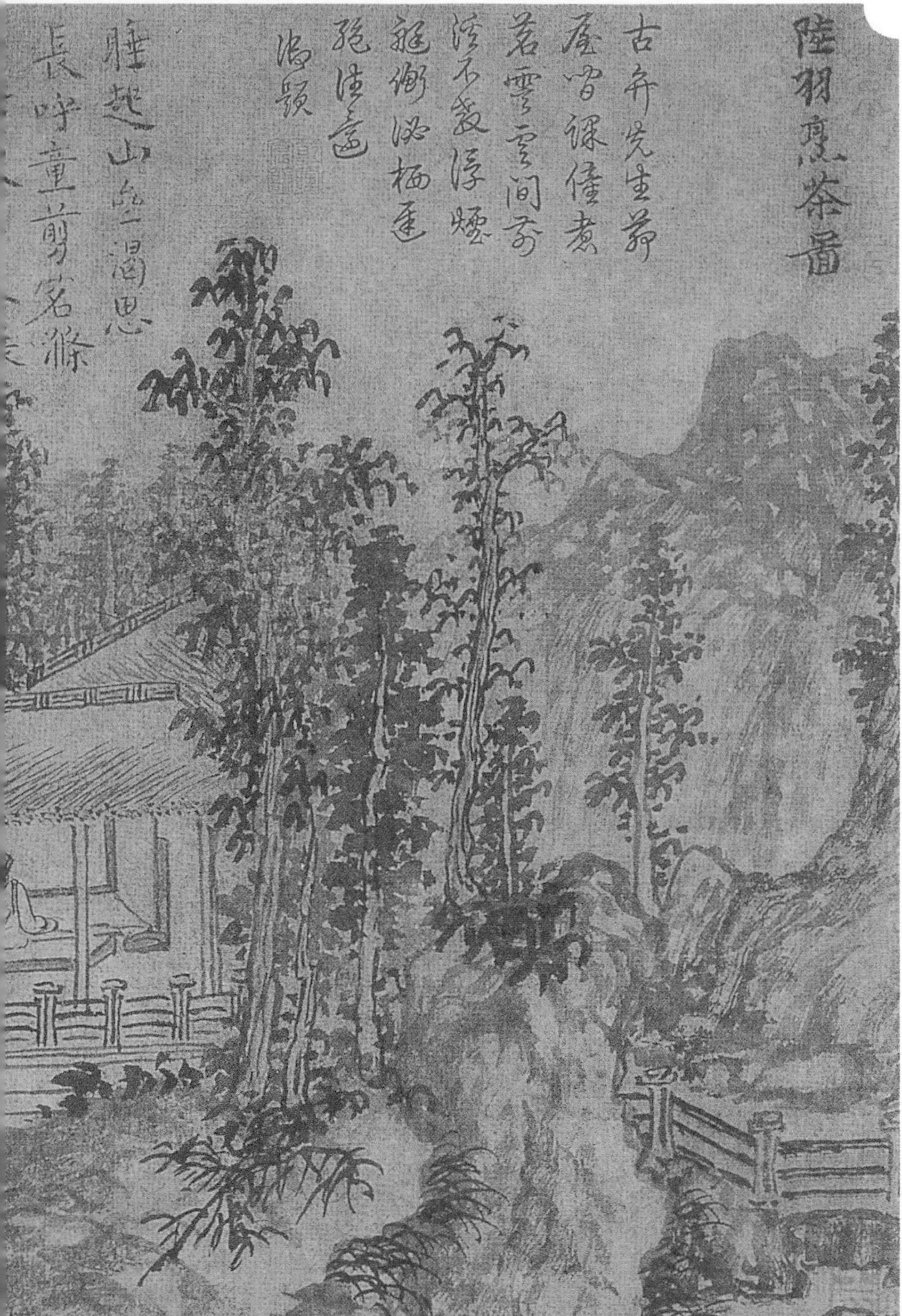

第七章

被茶葉改變的唐宋口味與政治

隋唐帝國的「絲路」難題

繼承北朝的隋唐帝國再度統一中國，結束了長達一百六十多年南北對峙的局面。在完成這一宏大工程的過程中，許多北方族群以獨特的方式參與這場巨大的人口遷徙。

先是北魏為了加強對南朝的軍事威懾，把人力、武力補給的目標，瞄準了更北方的柔然。太武帝拓跋燾（雲岡石窟「總統山」中的第三位）曾七次進攻蒙古高原東部的柔然。《魏書．崔浩傳》專門提到，戰果最大的一次「凡所俘虜及獲畜產車廬，瀰漫山澤，蓋數百萬」。過去的研究者都認為，北魏進攻柔然是對後者擾邊的回應。然而，我們今天已經證實，這些「蓋數百萬」的俘虜（人口）和畜產（主要是馬匹）才是北魏的主要目標。

柔然就這樣被北魏擊敗，損失了大量人口和作為生產工具的牲畜。為了迅速彌補損失，柔然把希望寄託在更北面的阿爾泰山北麓的突厥身上。他們徵調突厥人為自己生產鐵器，並從事軍事行動。接下來的故事，就像我們在第四章「『李將軍』傳奇」裡看到的那樣，當越來越多的突厥人參與到柔然的出征後，兩者之間的力量對比就悄然發生了變化。隨著北魏分裂為東魏和西魏，並進一步發展為北周和北齊，柔然也在突厥的攻勢下發生了瓦解與遷移，一部分向中亞草原西遷，另一部分則融入了突厥。

等到隋唐帝國建立起統一中國的事業時，北邊的鄰居也從柔然變成了突厥。從這個意義上來講，柔然的瓦解和北朝的終結其實是同步發生的。

隋唐的盛世，同樣離不開戰馬的支持。由於忙著處理南朝遺留的問題，隋朝一開始是以貿易的形式向突厥有計劃地購入馬匹。比如《周書》中就提到，突厥曾遣使貢馬萬匹。在中國的史書中，雙邊對等的貿易活動往往被表述為朝貢。實際上，突厥的馬匹並不是免費贈送的，隋唐王朝一直需要花大價錢才能購得這些重要的戰略物資。而用於購買馬匹的資金，就是漢地特產的「絹帛」，也就是廣義上的平紋絲綢織物。

在從漢代開始的「絲綢之路」上，絲綢從來不是以貨物的形式出現的。漢地王朝把絲綢當作酬勞發放給自己的兵卒或者來自草原的雇傭軍，絲綢相當於給他們的工錢，而草原部落通過物品交換，又將其還原成紡織品，流入西方世界。這便有了「絲綢之路」。

現在，這些絲綢又成為隋唐王朝購買馬匹的主要支付物。隨著王朝對外戰事的開展，越來越多的戰場需要越來越多的戰馬，越來越多的戰馬則需要越來越多的絹帛。這對隋唐政府來說，是個非常令人頭痛的問題。

幸運的是，一個曾在寺院裡長大的茶葉品鑑師，偶然幫助唐朝政府解決了這個巨大的難題。

陸羽和飲茶革命

這位茶葉品鑑師名叫陸羽，就是大名鼎鼎的《茶經》的作者。

陸羽原是棄嬰，出生在唐代開元年間後期，從小在湖北的一座寺院裡長大，青年時的陸羽在江南各地四處評鑑茶葉，居無定所。他二十四歲時定居浙江湖州，寫出了三卷本的《茶經》。

《茶經》包含了陸羽對茶葉從製作到飲用的全部認識，歸納起來有兩大部分。

他首先批評了唐代以前的喝茶方式。

中國喝茶歷史很早，三國時代就有明確的歷史記載，但直到唐代，喝茶還只是長江以南，甚至更偏南地區的習慣。起初，茶葉只是喝茶過程中的一部分內容，因為早期的

元代，趙原〈陸羽烹茶圖〉（局部），現藏於台北故宮博物院。

茶水裡，不僅有茶葉，還有蔥、薑、紅棗、橘子皮、薄荷葉、茱萸的果實……等等。這裡的茱萸，就是重陽節「遍插茱萸少一人」中的茱萸，它的果實有酸味，和橘皮、紅棗一起，再加上茶葉一起煮，味道應該近似今天的果茶。

今天中國南方山區的客家、瑤族，還保留著這種傳統的喝茶方式，稱「打油茶」或「擂茶」。值得注意的是，這種茶水中還會放入炒過的米粒，甚至油渣一類。這樣來看，這種茶很容易「喝飽」。我們有理由設想，中國飲茶的最初形式，很可能不是飲料或藝術的一種，而是餐飲的一部分。

陸羽在《茶經》裡明確反對這種喝茶方式，覺得這個味道乃「斯溝渠間棄水耳」，就是說和陰溝水差不多，但他也幫我們確認了當時的習俗就是如此。他接著提出了一種全新的喝茶方式——茶水裡有且只能有茶葉。這種飲茶方式規定，首先要把茶葉搗碎，放到開水裡煮。喝的時候，不僅要撇去上面浮著的泡沫，也要過濾掉下面的茶葉渣，只喝中間碧綠的茶水。按照這種煮茶法，喝茶的人通常是見不到完整的茶葉的。這比較近似於現在福建地區喝工夫茶的方法。

除了茶葉，陸羽對茶具也有具體的要求，這是他對今天喝茶方式的第二大貢獻。

之前的人們喝茶，因為是一大鍋煮在一起，所以不太講究茶具。到陸羽這裡，變成了只喝用茶葉煮的水，為了襯托茶水的碧綠色，他特別把紹興生產的越窯青瓷，推舉為最好的茶具。他認為「越瓷類冰」，有一種通透感，對欣賞茶水的顏色有很大的幫助。這一點就連當時最好的北方邢窯的瓷器都比不上，因為邢窯以生產白瓷為主。但他還是留下了「邢瓷類雪」的評價，以後的人們就用「類冰」和「類雪」來描述越瓷、邢瓷的基本特徵。此外，還有淮南壽縣的壽州窯，因為顏色太黃，以及江西的洪州窯，因為顏色太深，均被陸羽從品茶名器中剔除出去了。

由此可見，陸羽對飲茶的貢獻確實很大，可以說直接促成了一個產業的誕生。《冊府元龜》中記載，唐代中期以後，「江淮人什二三以茶為業」，此後茶葉更是成為唐代經濟的支柱之一。然而茶葉能夠行銷海外，還離不開另一個外部市場的出現。

從絹馬貿易到名馬市茶

唐朝承自鮮卑族建立的北朝，同樣也繼承了北朝廣泛流行的佛教。唐代文獻中最早關於茶葉的好評，就來自一個和尚。

和陸羽差不多同時期的邢州刺史封演寫過一本《封氏聞見錄》，書中專門提到，在當時的泰山靈岩寺有一位高僧，嚴格遵守佛教過午不食的規定，但晚上並沒有精神萎靡，反而修行得更加厲害。原來，雖然他中午以後不再進食，但可以通過喝茶來提神。這個神奇的故事很快就在佛教界傳開了。

巧合的是，陸羽就是在寺院的環境中長大的，他很可能對茶葉中的茶鹼能夠刺激中樞神經，使人保持興奮，從而促進佛教修煉有所體驗。他提出打破傳統，不在茶裡加入蔥薑、紅棗、橘皮，而改用清茶的喝茶方式，也很可能和佛教修行中只能喝水而不能攝入食物的飲食習慣有關。另外，他還特別強調，喝茶所貴的是頭三碗，不宜加水多次沖泡。這與其說是重視茶香，不如說和茶水中茶鹼的濃度有關。

可以說，佛教給茶葉提供了發展空間。不過，茶葉走向更大的市場，和安史之亂有著內在聯繫。

大約在陸羽二十二歲的時候，安史之亂爆發了。為了平定叛亂，唐朝不僅從境內各地調兵遣將，還從蒙古高原的回紇酋長那裡招募了大量士兵。回紇援軍作戰英勇，是唐

宣化遼墓壁畫〈備茶圖〉。

朝擊敗叛軍的重要力量。為了感謝回紇，唐朝向他們廣開貿易市場。而前面引用的《封氏聞見錄》中又提到了一個有趣的現象：「往年回紇入朝，大驅名馬市茶而歸，亦足怪焉。」封演觀察到的回紇「名馬市茶」的活動，就是被後人廣泛提到的「茶馬貿易」的先驅。

但封演所謂的「亦足怪焉」又從何而來呢？因為在不久之前，唐朝都是沿用隋代之策，用絲綢來交易馬匹。

安史之亂後，為了應對各種局部叛亂，依然需要從回紇等處大肆購馬。這就有了白居易《陰山道》詩中「五十匹縑易一匹，縑去馬來無了日」的困境。唐朝每年從回紇購買馬匹，花費大量絲綢，結果造成了經濟上的力不從心。而封演發現，回紇居然沒有要求唐朝用縑帛支付，而是接受了茶葉作為交換馬匹的貨物。這令唐人稱怪之餘，更有一種時來運轉的感覺。

在後來的許多世紀裡，南方漢地的茶葉種植者，一直都存在著一個誤會。比如《明史·食貨志》就認為「蕃人嗜乳酪，不得茶，則困以病」。這其實是因循了唐宋以來根深蒂固的偏見。茶葉在晚近的時代確實流行於草原部落之中，但要理解的是，他們飲茶的歷史不過才一千多年，而在這之前，沒有喝茶的時段則有上萬年之久，卻並沒有因此得病。

回紇「名馬市茶」的原因另有機緣。從早期開始，回紇便從西部草原接受了摩尼教和佛教的信仰，這兩種宗教都有一定飲食方面的限制。尤其是摩尼教，有著比佛教更嚴格的修行和飲食要求。偶然的機會，曾經讓泰山靈岩寺高僧修行翻倍的神祕飲料，引起了回紇人的注意。喝茶確實能彌補由飲食不足而引起的精神不振——從這個角度來講，游牧部落之「病」，並非由乳酪引起，而是源於宗教帶來的飲食變化。

不管怎樣，回紇對茶葉的興趣讓唐朝看到了契機——這是一種預示未來產業結構大轉型的契機。用茶葉替代絲綢，來購買回紇的戰馬，幫助唐朝一舉擺脫了縑帛生產不足引發的經濟困境。這一嘗試的大獲成功，既改善了唐朝的經濟狀況，也將漢地與草原的貿易，從「絹馬貿易」永久性地轉變為「茶馬貿易」。而且由茶葉貿易開始，引發了一系列連鎖反應。

茶葉拯救中原王朝

在茶葉貿易的發展過程中，唐代的經濟生產結構發生了改變。

陸羽在《茶經》中曾舉晉代的劉琨、張載、陸納、謝安、左思等名人喝茶的事蹟，但這並不表示人工種植茶葉的普遍化。唐代以前各地陸續種茶，但並沒有很大的市場，種植和銷售的規模都非常有限。

直到《茶經》完成不久後，茶葉市場迅速出現。當時最有名的茶市，莫過於饒州的浮梁，也就是位於今天江西景德鎮市的浮梁縣，當時的景德鎮還只是浮梁下面的一個市鎮。浮梁茶葉的知名度，有白居易的〈琵琶行〉為證：「商人重利輕別離，前月浮梁買茶去。」

按《元和郡縣誌》的說法，在陸羽去世的時候，浮梁茶的年銷售量已經達到「每年出茶七百萬馱，納稅十五餘萬貫」。每年茶葉製成的季節，不但有江淮各地的商人前來購買，甚至遠道而來的山西人、河北人也絡繹不絕。這樣來看，白居易詩中的這位「重利輕別離」的商人，只是積極參與了當時的爆紅商品茶葉的全國性銷售。茶葉銷售對經濟的刺激可想而知。唐朝甚至專門設置了「茶葉稅」，從中賺取了大量收入，補充了國庫。到了唐代後期的宣宗之際，茶葉稅收入已經達到每年將近八十萬貫，成為軍費開支的重要來源。

另外，中原各地商人買賣的茶葉，有很大一部分也流入了周邊地區。唐朝的外圍還有吐蕃、黨項等許多民族，他們毫無例外地都經歷了從起初的對外擴張到後期生產乏力，進而向內坍塌的發展軌跡。在這一過程中，佛教一如既往地成了民眾的精神選擇。可以想見，茶葉的妙用也很快為他們所知。

和回紇買茶的故事一樣，唐朝可以向他們供應茶葉，而他們所能提供的畜產品，尤其是馬匹，同樣也是唐朝所需，雙方一拍即合。

等到宋代以後，漢地政府在馬匹生產的自主性方面越來越低，對「茶馬貿易」的依賴也越來越高，進而變成了一項固定的制度。過去的文獻常常用邊疆人群「嗜茶」，而漢地則是開恩「市茶」的觀點來描述這種貿易。現在看來，實際情況恰好相反，漢地人群其實更離不開馬。

由於茶馬貿易的場所都在中國的北方或西北，為了節省茶葉的運輸成本，唐朝政府也把茶園從贛東北、皖南，遷到了陝西、四川等地。唐代末年的詩人孟郊，寫過這樣的詩句：「蒙茗玉花盡，越甌荷葉空。」意思就是用越窯瓷器來喝蒙頂山的茶葉。蒙頂山位於四川雅安，也以出產毛峰茶聞名後世。用四川本地茶葉去交換川西北的馬匹，確實要少走許多路程，但這也間接造成了唐代著名茶葉市場浮梁的衰落。

茶馬貿易保障了優質戰馬從西北地區源源不斷地輸入，宋朝因此得以抗衡遼國、金國，使中原王朝又維持了兩百多年。

從茶都到瓷都

茶葉對唐宋時代的歷史影響，遠不止這些。

我們前面說過，陸羽的《茶經》除了提到對茶水的講究外，還特別強調了茶具的重要性。對於喝茶這件事而言，茶具可能更能體現出使用者的用心。

經過陸羽的推銷，唐代茶葉市場突然崛起，隨之也帶動了瓷器，尤其是瓷質茶具行情的上漲。其中主要的受益者就是越窯青瓷。雖然越地是中國陶瓷故里之一，擁有悠久的製陶傳統，但越窯瓷在唐代走向頂峰，跟唐人愛喝茶有著莫大的聯繫。孟郊詩句「蒙茗玉花盡，越甌荷葉空」道出了越窯瓷的可貴——對於有追求的飲茶者來說，就算茶葉換成了川茶，茶盞仍然要用講究的越瓷。唐代人喜歡喝工夫茶，所以通透的越窯青瓷受到追捧，成為首屈一指的瓷界精品，把原本「類玉」的邢窯白瓷給比了下去。

到了宋代，喝茶方式有所轉變。宋朝人喜歡把茶葉加工成茶膏，進行「鬥茶」。茶事關注的重點從茶水本身變成了觀察水面上的泡沫，由於福建武夷山建窯生產的黑釉茶盞能更清晰地看清泡沫的變化，它便取代了青瓷的地位。所以到宋代以後，越窯就和那些受到戰亂影響的北方窯口一起走了下坡路。

只不過後來「鬥茶」不再流行，建窯生產的兔毫盞也銷路下滑。然而，文化傳播的有趣一面，使得用茶膏沖茶的習慣在日本被保留了下來。許多世紀以後，日本茶人在此基礎上，發展出「抹茶」的工藝，並重新傳回了東海西岸，成為一種全新的食物體驗。

經過透綠的越瓷、黑釉的建瓷之後，瓷質茶具在元代又迎來了新的流行趨勢，而這也與馬和茶有關。宋朝用茶葉換來馬匹抗衡遼金，後者在僵持局面中面臨消耗，只能從更北面的西伯利亞森林中引入蒙古部落。結果，「『李將軍』傳奇」裡的故事又翻出了

北宋，劉松年〈鬥茶圖〉，現藏於台北故宮博物院。

新的篇章。最初為金國提供戰馬的蒙古帝國，再度統一了中國。因為蒙古喜歡白色，他們在祭祀或者喝茶時，都喜歡用白色的瓷器。

這時，全中國最好的白色瓷器，都來自一個叫景德鎮的地方。元朝在景德鎮設立了浮梁瓷局，負責全國瓷器製造的事務，大抵是因為這裡生產的茶具在顏色和形制上最符合元朝宗室的品味。浮梁瓷局這一建制在明、清兩代被延續下來，而景德鎮燒製的青白瓷以及青花瓷茶具，又一次改變了中國人的品茶習慣。我們今天飲茶，是將整片炒乾的茶葉加水泡開，可以欣賞茶葉在沸水中上下沉浮，這樣的方式就是由白瓷茶具的啟發而來的。最巧合的是，瓷都景德鎮，就在當年唐代商人買茶的浮梁縣。

佛教、茶葉與瓷器

唐代敦煌文獻《茶酒論》中「浮梁歙州，萬國來求」的浮梁，曾是唐代茶葉的生產和銷售中心。它的興起和陸羽的《茶經》有著直接的聯繫，而背後還有著更深遠的脈絡。

影響了北朝與南朝的佛教，就是整件事情的幕後推手，只不過這一次它的傳播範圍更廣。回紇部落信奉佛教和摩尼教的路徑，可能不同於漢地（他們和北魏一樣從中亞草原南部獲得資訊的可能性更大），但他們從漢地僧侶的餐食飲品中得到啟發，迅速接受並推廣了飲茶習慣，而這無意中使茶葉變成一種影響後世的大宗商品。

這樣看來，《茶經》的創作，並非茶葉流行的引領者，更像是這個流行趨勢的參與者與記錄者。

為了滿足茶葉的需求，唐代的浮梁及周邊地區，成為全中國茶葉生產的重要基地。茶葉的運輸、販賣以及消費，大大增加了王朝的財稅收入。同時，這一產業也波及周邊產業，由茶葉帶動的瓷質茶具的湧現，為古老的陶瓷行業開闢了新的路徑。在茶具生產的契機中，浮梁同樣得風氣之先。總體上而言，這些新出現的經濟增長點，為安史之亂後的唐朝重拾舊山河提供了難得的經濟基礎。

飲茶的普及也對漢地周邊人群產生了重大影響。茶葉甫一出現在草原營帳之中，就以其提振精神的功能，取代絲綢成為貿易交換的強勢貨幣。從回紇開始，包括黨項、吐蕃等周邊人群，都成為這種神奇植物的鐵粉。

除了茶葉本身，文化、人口等要素都經由這張網路繼續流動。茶馬貿易這種形式，

茶馬古道塑像。作者攝於騰沖。

從其建立以來，一直延續到了二十世紀，範圍從中國的西北、西南，一直向歐亞大陸的西部延伸。

長距離的貿易活動，也促進了茶葉的口味和加工方式的改變。在長期長距離運輸的過程中，新鮮加工的茶葉經歷自然發酵，形成了類似後來「紅茶」一類的發酵茶風味。這種獨特的味道，通過與乳製品的混合調製，能散發出濃郁的香味。久而久之，在茶葉加工過程中，通過主動增溫、密封，形成了新的茶葉種類。

值得一提的是，今天中國北方民族熱愛的奶茶，除了使用發酵過的磚茶外，還要加入鹽、炒米、奶豆腐、奶皮子和一些牛肉乾，這樣煮出來的奶茶香氣馥郁。但這樣的奶茶，說白了，似乎又是對古代加入蔥、薑、茱萸等調料的飲茶方式的一種復古。

當然，更重要的改變，或許還要數瓷都景德鎮的出現。唐宋時期飲茶方式的改變，推動了越窯青瓷、建窯黑釉瓷的更替。而元朝帶來的對白色瓷器的崇尚，為浮梁鎮向景德鎮的過渡創造了條件。隨著唐代以後浮梁茶葉市場萎縮，當地逐漸向瓷器製造方向轉型並非偶然，而這也離不開茶葉在其中扮演的角色。今天的浮梁已經是景德鎮市下面的一個縣城，這種有趣的轉變，濃縮了唐宋之間數百年間的文化交流和貿易流動。

茶葉和瓷器，推動了唐宋歷史的發展，然而清新恬淡的茶葉，掩蓋不住時代的動盪。茶葉能為漢地王朝換來馬匹，創造巨大的財富，然而這筆財富不是萬能的，因為財富的主動權，可能並不掌握在付款方的手中。下一章，我們將從宋代宮廷繪畫的角度，談一談隱藏在這杯清淡茶香背後的宋朝的無奈和焦慮。

第八章

宋代山水畫與國家危機

唐代的遺產

唐朝的滅亡和漢代的終結，有著驚人的相似之處。

漢代的終結，有一個至關重要的因素。當漢朝為了維繫越來越長的外部邊界的穩定時，發現自己正在加速耗盡人力和物力，很快出現了生產與支出極端不平衡的局面。針對這種狀況，漢朝開始雇用大量生活在疆域外圍的族群，承擔原先由本社會成員擔任的出擊、防守等任務。這為漢朝贏得了喘息機會，但同時把邊境大門向數以百計、千計的外部族群打開了。這就給三國兩晉時期的漢地政府留下了一筆非常棘手的「遺產」。

我們之所以認為唐朝與漢朝有著驚人的相似之處，就是因為它們在內部生產與外部支出不平衡的時候，選擇了同樣的路徑。甚至可以說，唐朝在這條道路上走得更遠，也更加堅決。唐朝從一開始就大力雇用邊境族群，將其作為王朝部隊的重要組成。比如突厥、鐵勒、回紇，都是唐朝前期主要調動的外部力量。長期的征伐，使這些普通的游牧民變成了馬背上的戰士。當出於種種原因，他們不再願意為唐朝效力時，就給唐朝留下了安史之亂的重創。

然而，唐朝並沒有從安史之亂中吸取足夠的教訓。或者說，缺乏改正錯誤的能力。因為在唐代中期以後，財政收入的不足，進一步導致了對外應對能力的下降。而繼續動員部族武裝，只是唐朝可以選擇的兩杯毒酒中不那麼劇烈的一杯。隨著對契丹、沙陀、黨項等族的開發利用，唐朝將自己的落幕又推遲了一百多年。而這又將給它的宋代繼承者留下一筆複雜的遺產。

經歷了短暫的五代十國階段，宋朝的建立者發現，自己並沒有完全接收唐朝的全部疆域。在東北和西北兩個方向，至少還有另外兩個繼承人，和他們共同分享著唐朝留下的政治版圖。和第一順位繼承人北宋並立的，就是作為第二繼承人的契丹遼國，以及第三繼承人的黨項夏國。

為了全盤繼承唐代的遺產，宋朝開始了孜孜不倦的努力。由於人類在東亞地區固有的遷移規律[1]使然，宋朝始終未能實現這個願望。

即便如此，依然不能阻止宋代的宮廷畫師嘗試用畫筆來描繪心中的山水藍圖。然而，這些畫中的山川與溪流似乎不僅代表了現實的山水，因為它們源於一個亦真亦幻的「仙境」，仿佛有一種奇特的魔力，把人們引入奇妙的畫中世界。

山水畫的獨立

中國山水畫湧現於隋唐時期，到五代和宋代時走向頂峰，它的影響從元、明、清直到現代都沒有衰落。

經歷過東魏、北周時期的畫家展子虔，以青綠山水開創了中國山水畫的時代，之後由李思訓、李昭道父子繼承。其後，詩人、畫家王維終開水墨一脈，引領了從設色山水到水墨山水的全新潮流，為五代及兩宋的畫家打開了洞天之門。

按照中國美術史的敘述，山水畫最早出現在早期的墓葬或者佛教壁畫中，作為主要人物的背景，用來襯托他們的具體事蹟。比如，像我們在第四章中和林格爾漢墓壁畫中看到的那樣，當時繪畫的主題主要是人物的生平事蹟，而人物背後的景色只有潦草幾筆。在這些早期的人物畫中，風光景物一般都處於從屬地位。最初，人物和背景大概是由不同的畫工分別完成的，負責人物畫的畫師常常先繪製人物，然後才由其他畫工完成後續的風景主題。甚至有可能，有的畫師專門畫人，有的畫鳥獸、房屋、橋樑，有的畫岩石、泉水和樹木。大約到隋唐時代，這幾個繪畫類別就差不多獨立出來，變成了人物、花鳥、山水等門類。

隨著佛教進入中國，為了展現「極樂世界」的美好，寺院壁畫除了描繪修行者之外，開始側重「玄妙之境」的展現。這類側重妙境奇景的原始山水繪畫形式，在藏傳佛教的唐卡繪畫，以及佛像人物背後的風景構圖中保留了下來。被後世譽為「唐畫之祖」的隋代畫師展子虔，他的作品就多見諸洛陽、長安等地的寺院壁畫上，他也以繪製寺院壁畫而見諸畫史著錄。這種想像中的美景，和我們第三章提到的地方觀念中「博山」上的瑰麗景致有殊途同歸之感。

及至宋代，山水作為更具吸引力的象徵主題，從人物畫的背景中悄然脫離。獨立的山水畫開始成為繪畫的主流，而畫作中的人物，開始成為畫面遠景的點綴。

宋朝還成立了皇家畫院「翰林圖畫院」，將民間著名畫師納入其中，免去他們的生計之憂，以期繪出更出色的作品。各階段的畫院，又以宋徽宗時的宣和畫院最為著名。宣和是宋徽宗使用的第六個年號，不僅代表了北宋最後的七年，還記錄了北宋繪畫的頂峰。張擇端的〈清明上河圖〉、王希孟的〈千里江山圖〉等一批著名作品，都出自這個短暫但輝煌的宣和畫院。徽宗還主持編纂了一部名為《宣和畫譜》的歷代名作著錄集，

北宋郭熙〈窠石平遠圖〉，現藏於北京故宮博物院。

書中將古今圖畫分為十類：道釋、人物、宮室、番族、龍魚、山水、畜獸、花鳥、墨竹、蔬果。雖然山水畫在其中只排第六，但並不能阻止這一題材在當時以及未來大放光彩。

北宋畫家之所以熱衷於山水畫，除了受當時的審美品味影響外，還有著和《水滸傳》中梁山好漢一樣的難言之隱。迫於嚴重的經濟問題，梁山好漢逃入山中，而宮廷畫家只好用畫筆表達同樣的嚮往。因而山水畫的獨特結構中，融入了整個宋代的精神世界。

集大成的北宋山水畫

西元一一二六年，金國大軍攻破了北宋都城汴梁，已經退位的宋徽宗和他的兒子宋欽宗被金軍俘虜，押送到了北方。

隨著汴京被金軍攻破，大量居民向外逃亡。有一位年過六旬的畫家，也隨著人流逃出京城。年邁的他，向著太行山東麓的山區逃亡，不知還有一段人生奇遇在等待著他。

這位畫家名叫李唐，是徽宗宣和畫院裡的畫師。

南宋李唐〈萬壑松風圖〉，現藏於台北故宮博物院。

李唐早年以賣畫為生，宋徽宗時進入畫院，成為一名宮廷畫家。他在畫院中繪成的〈萬壑松風圖〉，是今天傳世的少數宋代繪畫作品之一，保存在台北故宮博物院。畫面中，一座山峰高聳，山腰白雲環繞，山間松濤陣陣，谷地泉水悠悠，給人一種隱居山谷、回歸自然的感覺，代表了北宋山水畫的最高水準。所以，這幅作品和郭熙的〈早春圖〉、范寬的〈谿山行旅圖〉並稱為「宋畫三大精品」。只是，李唐的這幅作品，是北宋最後一幅有明確紀年的繪畫，因為兩年後，北宋的都城就被金軍攻破了。

在山水畫的經典構圖中，往往在畫面最下端，有一片開闊的水域（江河的一部分），水域的盡頭有一條小溪，溪上有一座小木橋，橋上有幾個趕路人，或者挑擔的樵夫。等待他們的是一條進入山中的小路，在小路兩旁，是源源不斷的泉水、奇特的山石，還有被路人驚起的飛鳥。畫面主要的部分，則是雲霧環繞，看起來是幾乎無法攀登的崇山峻嶺。這和畫面下端行色匆匆的趕路人正好形成一種對應。其實這是從一個畫家的視角，描繪了一段進入山林祕境的旅程。

從這個角度來理解中國畫，我們就可以把各種類別整合起來。人物畫，是在入山路上遇到的引路人，他們或者是打扮普通的「漁樵耕讀」，或者是相貌特別的羅漢、菩薩，隨時準備點化入山的問道者。花鳥畫，是小溪邊看到的祥瑞景象，花卉和瑞鳥代表著祥和安寧的生態世界。哪怕是一根竹子、一塊岩石，都不再是普通的物體，而是仙境探祕過程中的特別收穫，並在更晚近的時代演變為竹石圖這類獨立的主題畫。而山水畫既然把這些都包含在內，也就當之無愧地成為北宋宣和畫院留給後人的最豐厚的遺產。

北宋的文化如此發達，還有一位熱愛畫畫的皇帝宋徽宗，可北宋的山水畫為什麼和王朝的命運一樣突然墜落了呢？這兩者之間又有什麼內在聯繫呢？

當畫家遇到盜賊

為了解開這個謎團，我們重新把視角放到畫家李唐身上。這位六十多歲的老畫家，出了汴梁之後，走上了向太行山逃亡的道路。

我們可以想像，這一切就像是他最擅長的山水畫一樣，在筆下不知演繹過多少遍，而這一次，他彷彿走入自己的畫中。一個老人，在水路的盡頭，棄舟登岸，不知走過幾座木橋、幾座茅舍。他拿著屈指可數的行李，行走在太行山的小徑上。周圍有泉水和茂密的樹林，時不時還有飛鳥從林中飛起。那麼，等待這老人的是不是山中的祕境呢？

有意思的是，真有文獻記錄了李唐的遭遇。據成書較晚的《南宋院畫錄》記載，李唐在逃往太行山的途中，並沒有遇到神仙或奇跡，而是不幸被當地的盜賊抓住了。說是盜賊，其實不過是一群在戰亂中聚眾自保的當地人，大約和梁山好漢有著一樣的人生困境。他們並非樂意落草，而是有著一顆不知將去向何處的迷茫之心。

但這夥盜賊並不簡單——就像梁山好漢中也有擅長繪畫和書法的民間高手混跡於其中——盜賊打開了李唐的行李，沒有發現什麼金銀財寶，卻發現了顏料和紙筆……

我們不知道李唐眼中的山中幽徑是什麼模樣，但可以借助《水滸傳》中禁軍教頭林沖離開汴京，來到梁山腳下的驚鴻一瞥，來想像一下李唐的即目所見：

銀迷草舍，玉映茅簷。數十株老樹杈枒，三五處小窗關閉。疏荊籬落，渾如膩粉輕鋪；黃土繞牆，卻似鉛華布就。千團柳絮飄簾幕，萬片鵝毛舞酒旗。[2]

這不就是一幅山水雪景圖嗎？如果有人遞給李唐一副紙筆，他大概也能揮灑出一幅太行山水圖來。儘管這不是《水滸傳》裡杜撰的故事，但情節驚人地相似。那個發現李唐真實身份的盜賊，雖沒有「替天行道」之義，但也並不存打家劫舍之念。他沒有奪走老畫家所剩無幾的行李，而是做出了一個驚人的決定。他不但放過了李唐，而且放棄了山賊這份看起來沒有什麼前途的事業。他和六十多歲的老畫家一路結伴同行，渡過戰火紛飛的長江，來到了杭州。

一個是滿懷山水理想的宮廷畫家，一個是真的隱藏在山水之中的盜賊，讓他們兩個相遇，大概是上天對這個時代開的最驚豔的玩笑。這個改過自新的盜賊名叫蕭照，大約也有繪畫的基礎。也有人說蕭照並非盜賊，而是抗金義軍，其實只要這兩者存在先後順序，就並不矛盾。在他們一同南渡的過程中，蕭照拜李唐為師，學習了李唐繪畫技法的精髓，後來也成為一位知名畫家，進入了宋高宗時的宮廷畫院，還成為畫院的負責人。

南渡後的李唐又生活了二十多年，成為南宋畫界的開山之人，和劉松年、馬遠、夏圭一道合稱「南宋四大家」。李唐留下不少以牛為主題、寓意漁耕隱逸的作品。而他在山中奇遇中收下的那位弟子蕭照，不但畫了很多山水畫，還畫了不少和抗金主題有關的作品，比如〈光武渡河圖〉、〈中興瑞應圖〉等。按《南宋院畫錄》所言，他擅長異松怪石、蒼浪古野，「望之有波濤洶湧，雲屯風卷之勢」，與他當年遇到李唐的太行山麓頗有幾分神似。

這些筆下的山林和泉水，沒有擋住北方的鐵騎，也無法幫助宋人重拾舊山河，留給南宋的只有半壁江山，但山水畫的基因已經深入中國文化的內部，因為它代表著一個人們嚮往卻又永遠無法企及的世界。

山水畫的奧祕

山水畫的奧祕是什麼？打個啞謎，就是畫家遇到盜賊。解開這個啞謎的關鍵，就是宋朝本身。

被後人稱道的北宋，經濟雖然發達，但同時落入了一個幾乎無法填補的黑洞。北宋建立後，急欲奪回唐朝在北方留下的另外兩份遺產。借助茶葉、瓷器為基礎的對外貿易，北宋得以維繫一支中國歷史上規模最大的常備軍隊。然而，龐大的軍費開支不僅沒有為北宋贏得勝利，還把經濟負擔轉嫁到了普通生產者身上。

久戰不勝的僵持局面，使北宋開始採取以「歲幣」換和平的策略，這讓周邊的西夏、遼國每年都從宋朝的稅收中拿走很大一部分。軍費開支與購買和平，這兩部分龐大的支出最終使北宋在末期背負了駭人的財政赤字。面對這樣的經濟壓力，普通百姓和宋朝官方採取了相同的應對方式。

對於百姓來說，最好的方法就是遁入山林，逃避越來越高的政府賦稅。就像《水滸傳》裡描繪的一樣，漁民、獵人、修道者、掌握文學繪畫技藝的知識份子，以及官場失意的下層官員，當然也包括承擔國家賦稅最大部分的農民，共同組成了「聚義者」，結拜為替天行道的義士，一同隱居到了山水之中。

借助李唐的傳奇經歷來看：一個畫家遇到了山中的俠士，最後結為伴侶。這和山水畫中旅行者、樵夫、問道者結伴同行，向著密林深處跋涉，最後隱入山巒，成為山林一部分的敘事意蘊，簡直別無二致。

對於官方來說，每年向遼國、西夏繳納保證平安的「歲幣」，同樣也是讓人煩惱的事。如果能在美妙的自然中逃避現實，當然是一種誘人的選擇。所以，以宮廷畫院畫家為代表的北宋官方，即使沒有真的逃到高山泉水之中，也不斷用山水畫的形式，表達了對山林生活的渴望。而這一切背後的意象，其實就源自好幾個世紀之前那座有神仙「一日一夕飛相往來」的海外「博山」。

南宋趙黻〈江山萬里圖〉（局部），現藏於北京故宮博物院。

從這個角度來看北宋的繪畫，我們便能恍然大悟。宋徽宗雖不以山水畫聞名，但他擅長的花鳥畫，也是從山林中截取的片段，同樣表達了遠離現實煩惱的渴望。如果我們還知道宋徽宗為自己起的另一個稱號是「教主道君皇帝」，加上他以瘦金體對中國書法的貢獻，再結合第五章王羲之的故事，我們就能探知那個始終困擾著北宋君民的宿命。

所有這些因素聯繫在一起，也就是山水畫在北宋走上頂峰的原因。

「山水」崛起，山河破碎

山水畫之於北宋，或許是一門最貼切的藝術。

古往今來，東亞大陸上的許多王朝都建立過自己的事業，但這都不是憑空而起的萬丈高樓，而是毫無例外地依託於普通老百姓的生產活動之上的。漢代的人們嚮往「博山」上的神仙世界，當很大一部分生產者都投入到想像的世界中時，現實社會就會面臨生產不足，進而導致王朝的收支失衡與破產。這樣的故事在之後的時代屢屢再現。東晉的書法家，在北伐無力的背景下，開創了獨特的書法技藝，以此表達內心的無奈。現在，這個故事的主角換成了北宋的山水畫家與皇帝。

所有這些藝術形式，其實都有著共同的邏輯基礎，都可以追溯到一個同樣的源頭。我們在之前的章節中已經瞭解到，在最初的觀念中，人們單純地認為，人死後靈魂會回歸自然，到一個景色優美的地方。這個地方是虛無縹緲的海外仙山，它被大海阻隔，生者無法抵達。

這個觀念隨後被佛教、道教的修行者進一步發展。他們渴望在面對現實苦難，比如賦稅高壓的時候，讓靈魂脫離人的肉體，去往美好的地方。不論是死後前往彼岸還是修道的觀念，本質是一樣的，都是回到自然世界。而最能代表自然世界的，莫過於人跡罕至的綠水青山。與此同時，越來越多的修道者不再滿足於許諾的虛無縹緲的仙境，他們渴望的是一個更有畫面感，甚至可以被文字描述的，仿佛觸手可及的超越世界。而山水畫的出現，便恰逢其時地為這一古老觀念提供了全新的形式。

這也是為什麼在宋代國內經濟緊張、外患壓力巨大的情況下，官方和民眾都選擇「山水」作為自己「解壓」的方向。

百姓逃亡到現實中的水泊世界，削弱了國家的內在力量。以宮廷畫師為代表的官方機構，也把形式上的山水變成了自身的追求。畫筆給他們提供了充足的表現機會，在這個基礎上，山水畫和花鳥、竹石甚至人物畫保持了一體多面的關係。但是，對山水空間的嚮往，不能解決北宋的現實狀況，反而加速了國家的衰落。

北宋的滅亡，讓一位宮廷山水畫家和一名山水中的盜賊走到了一起。更令人稱奇的是，這位盜賊最後還成了南宋畫院的負責人。這兩種「山水」的殊途同歸，讓李唐和蕭照留下了一些具有現實意義的畫作。但南宋偏安一隅的現實，最終讓後來的畫家回歸到更加縹緲的山水世界了。

自南宋以後，中國山水畫的寫實性更加單薄，寫意性更加鞏固，向著文人畫的方向進一步發展，最終成為一種文學之士闡發個人情感的媒介。從兼濟天下到獨善其身，當畫家逃入山水世界，新的變化即將到來。這一次，他們還要把那個古老的觀念，開發出一種更具體的形式。下一章，我們來看看，融合了山水主題的園林藝術，將在元代的社會生活中扮演怎樣的角色。

1 可參見張經緯著，《四夷居中國》，中華書局，二〇一八年。（編者注）
2 施耐庵，《水滸傳》，第十一回。

第九章

大隱於市的元代園林與文人

元朝的建立

上一章我們談到，北宋為了維持浩大的軍備，使百姓逃入了真實的「山水」之中，也迅速削弱了自身的實力。而這一點並不僅限於北宋，遼國在與北宋的競爭中同樣陷入了經濟不贍的境地。

遼代後期，雖然減少了與北宋的衝突，但遼與西夏的局部戰事也沒少耗費國庫。於是他們引入渤海地區的女真作為自己的援助。當遼國把全部的資源用於供養女真雇傭軍時，進入全面軍事化進程的女真，很快就讓遼國無法應對了。這個故事與漢朝和鮮卑的關係並無不同。而女真建立的金國在與南宋的對峙中，也不得不走上遼國的舊路。他們從北亞的森林中，招募了蒙古部落。

按照《蒙古祕史》的說法，一開始蒙古只是定期向遼、金提供貂皮的貿易部落。他們所要求的也只是來自後者的糧食、布料等生計物資。不過，當金國缺乏兵員時，就把徵兵目標瞄準了那些提供貂皮的部落首領。金國把林中的獵人武裝起來，為了滿足他們「百夫長」、「千夫長」的頭銜，也為了招募更多的騎兵，無所顧忌地支持他們兼併其他部落。

在和南宋膠著的戰事中，金國很快就忘記了自己是如何在遼國的資助下壯大起來，又是如何在遼國日薄西山的進程中，循序漸進地蠶食了北方的領地的。當金國眼看鐵木真的部落崛起，想要扶植塔塔兒部與之對抗時，為時已晚。曾被金國冊封為「札兀惕忽里」（部落首領）的鐵木真，很快統一了蒙古各部，並被擁立為成吉思汗。這時他所面對的，已經是一個疲憊不堪的金國、守土無力的西夏，以及蹙國百里的南宋。

雖然成吉思汗在征西夏時中道崩殂，但他的繼承人將古代征服者的想像力發揮到了極致。他們一路向西，飲馬多瑙河，一路向南，箭指北部灣。最終建立了史上疆域最為廣闊的蒙古帝國。

在這個龐大帝國建立伊始，一個難題就困擾著帝國的執政者：在這個國家範圍內，生活著太多缺乏溝通和互相不理解的居民，他們在很短的時間內成為同一國家的成員，如何對不同來源的居民進行管理，是非常棘手的事。

作為東亞最晚進入元朝統治範圍的江南地區，原先是南宋控制的核心區域。這裡是抵禦北方政權的最後堡壘，在獲得忠勇節義聲望的同時，也成為元朝統治下等級地位最低的區域之一。加上元朝在很長時間裡取消了團結中國知識階層的關鍵的科舉制度，南方知識界在晉升無路的背景下，採取了自我放逐的策略。

在王朝建立之初，往往受到抑制的對彼岸世界的追求，在元代初期就與這種自我放逐展開了結盟。知識階層將宋代以來通過繪畫表現的山水世界，以巧奪天工的建築形式塑造出來，成為一種大隱於市的人間叢林。這一人造的「仙境」，無疑對所有人都產生了強烈的吸引，而這就是我們接下來要談到的元代園林。

似此園林無限好

園林是一個比我們之前討論過的所有藝術門類都要「巨大」的物件，當然，石窟寺除外。

印象中，園林是相對晚近的事物，比如頤和園、承德避暑山莊等北方的皇家園林。但我們更熟悉的，應該是一般意義上的江南私家園林。現在蘇州的獅子林、拙政園是最有名的江南園林，清代時鹽商興建的揚州園林也是其中的佼佼者。官方版本中的中國

「四大名園」是北京頤和園、河北承德避暑山莊以及蘇州拙政園和留園。它們都是首批入選全國重點文物保護單位名單的，北方和江南正好各占一半。

不過，園林的歷史可以追溯到更遠的時代。北宋神宗朝的駙馬王詵的府邸西園，就是當時一座著名的園林，他曾多次在此召集文壇聚會。影響最大的一次，他邀請了蘇軾、蘇轍、黃庭堅、秦觀、李公麟、米芾、蔡肇、李之儀、鄭靖老、張耒、王欽臣、劉涇、晁補之，以及道士陳碧虛、日本僧人圓通。賓主共十六人，雅集西園。與會的畫壇名家李公麟，還作了一幅《西園雅集圖》，將西園中的丘壑松竹、小橋流水一一描繪，成為一時美談，更留下北宋時期著名的園林游冶盛景。

「雅集」是文人自矜的稱謂，「集」就是聚會的意思，雅集就是文雅的聚會，說得直白一點，就是文人們吟詩作畫的聚會。正因為李公麟的〈西園雅集圖〉，這個稱號便一直流傳到後世。可惜李公麟的原作今天已經看不到了，我們只能通過歷代畫家的摹繪作品來欣賞西園美景。

關於西園美景，王詵另有〈蝶戀花〉詞為證：

南宋劉松年〈西園雅集圖〉（局部），現藏於台北故宮博物院。

小雨初晴回晚照。
金翠樓台，倒影芙蓉沼。
楊柳垂垂風裊裊。
嫩荷無數青鈿小。

似此園林無限好。
流落歸來，到了心情少。
坐到黃昏人悄悄。
更應添得朱顏老。

樓台湖沼，楊柳嫩荷，王詵的西園之美，加上眾多遊覽者的盛名，一同將這次集會塑造成古典中國三大雅集的第二名。至於第一名，當然還是我們在第五章說過的王羲之組織的蘭亭會。不過，蘭亭的大部分景物，可能不是出於人工，而真的是集合自然精華的天然美景。所以，蘭亭的可貴在於「群賢畢集」，而非遊園本身。

西園雅集以後，隨著宋室南渡，園林這種獨特的綜合藝術形式也來到了江南。

到了元代，三大雅集的最後一次也在江南出現了。當時有一位「土豪」在昆山建了一座非常有名的私家園林，名為玉山草堂。根據這位元「土豪」自編的《玉山名勝集》記載，其中建有數十個著名景點，包括釣月軒、芝雲堂、可詩齋、種玉亭、小蓬萊、湖光山色樓、書畫舫……等等。玉山草堂的建造比蘇州的留園早一百多年，比拙政園早兩百多年，可以算作江南園林的鼻祖。

園林由各種假山池塘、亭台樓榭組成，是中國古代審美的集大成者。我們可以暢想，前幾章中說過的玉器、青銅器、書法、繪畫，甚至瓷器茶具，還包括下一章要談到的傢俱，無一不可在園林中找到。從這座玉山草堂的名勝中，我們可以瞥見「小蓬萊」、「書畫舫」字樣，那麼，結合已有的知識，我們是不是可以在頭腦中呈現出一幅凡俗世人乘槎登仙島的畫面呢？

換個角度來思考，元代的江南文人建造了美輪美奐如同仙境的園林，或許不僅僅是出於享樂的目的。江南園林在元代的蓬勃誕生，也因為這些園林的主人，缺乏實現人生價值的途徑，只好把所有精力投入到私家園林的建設中。當蒙古官員、漢族文人和反對元朝的知識份子在園林中歡聚一堂、縱情遊戲之際，元朝也就加速了它走向四分五裂的進程。這一切究竟是表現了他們對元朝現狀的冷漠，還是因為元朝本身的政策將他們屏蔽於大隱於都市的叢林之中呢？

在回答這些問題之前，我們先來認識一下玉山雅集的主人顧阿瑛。以「書聖」王羲之、駙馬畫家王詵的身份來召集的雅集能夠流傳後世，而排名第三的顧阿瑛又是何許人也？

玉山雅集與元代的終點

元順帝至正八年，也就是一三四八年，台州的私鹽販子方國珍打敗了元朝的地方守將，攻占溫州，拉開了元末農民起義的序曲。這時，距離元朝的終點只剩下十多年的時間了。

不過，同樣在這一年，江南的昆山卻是另外一番景象。江南文學界、書畫界、宗教界，甚至地方官員，關注點都匯聚到昆山一個叫作「玉山草堂」的地方。因為當時的江

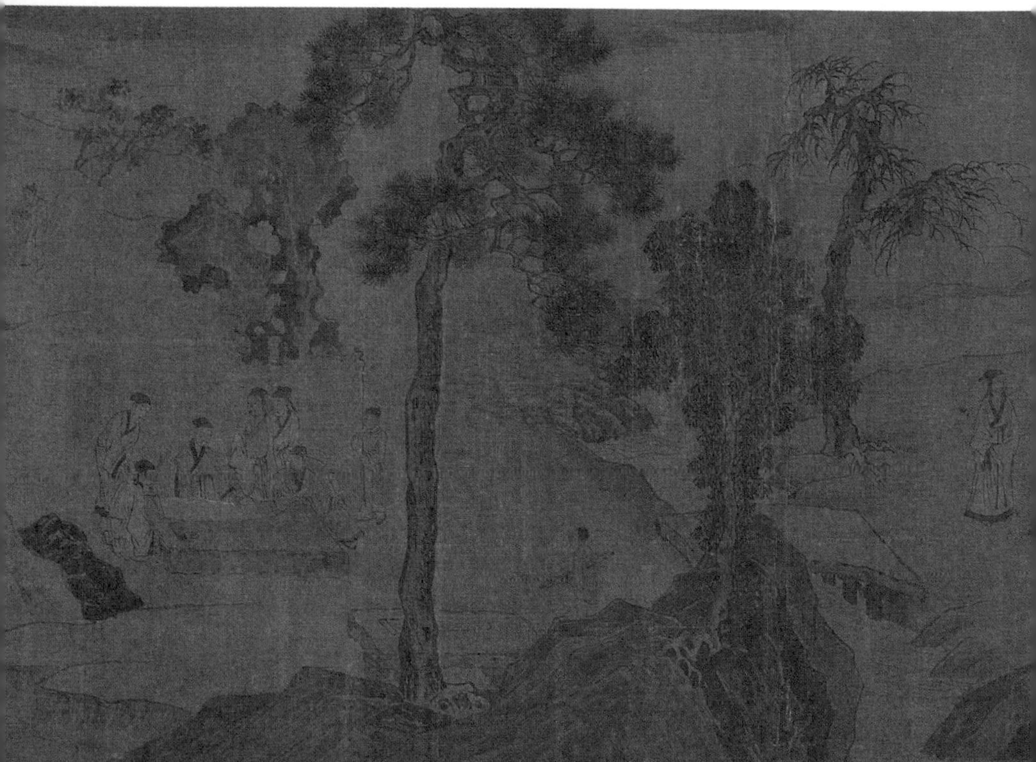
明代唐寅〈西園雅集圖〉（局部），現藏於台北故宮博物院。

南巨富顧阿瑛要在這裡召開一次雅集。

顧阿瑛，也稱顧瑛、顧德輝。南宋末年，元朝大軍南下江南，他的祖先率先歸順，在人生的起跑線上占得先機。顧阿瑛十六歲就隨父親在元大都（也就是今天的北京）和昆山兩地管理元朝的一項重要產業。三十歲時，他已經積累了足夠多的財富，於是開始讀書，結交文人。

當時，顧阿瑛和倪雲林、曹夢炎並稱為江南三大巨富。倪雲林，就是無錫人倪瓚，他在繪畫上成就很高，和黃公望、王蒙、吳鎮並稱「元四家」。倪瓚靠的是家裡的祖業，自己也懶得打理，晚年還散盡家財，遊歷江湖，漂泊無蹤。松江人曹夢炎則是個地道的土豪，家有田地萬畝，但和文化人結交不多。

顧阿瑛早年經商就喜歡結識各色人等，等到經濟基礎穩定以後，就開始廣交朋友。如果說，輕財好義是顧阿瑛成名的第一步，那麼接下來的第二步，就是他在中國文化史上留名的關鍵。

顧阿瑛四十歲的時候，把家中產業交給後輩打理，開始全心全意修建園林。在自家舊宅的基礎上，花了三年時間，修建了一座名叫「玉山佳處」的私家園林，後易名為

「玉山草堂」。它雖然名為「草堂」，但絕不像成都杜甫草堂那樣真的是茅草屋，而是一座規模空前、景色讓人過目難忘的風景名勝大全。其中景點的數目有不同說法，多次親履草堂的西域畫家吳克恭在《玉山草堂序》中說有二十六處，《元詩選注》中則說有三十六處。

一三四八年，玉山雅集開幕的這一天，江南文化精英雲集園中。顧阿瑛也模仿北宋李公麟作〈西園雅集圖〉之舉，專門請元代有名的白描畫家張渥畫了一幅〈玉山雅集圖〉。雖然這幅畫作今天已經看不到了，但記錄畫面的文字還是保留了下來。這幅畫除了描繪顧瑛、倪瓚、王蒙、楊維禎、張渥、陳惟允、陳基等十多位文壇領袖和知識精英外，還記錄了園林中「碧梧翠竹、落花芳草」的湖山美景。

在這座園林建成後的十二年裡，一共舉辦了五十多場雅集，最多的一年舉行了二十多次。參加者有詩人、畫家、和尚、道士，以及青樓女子，無不對這座四季景色各有不同的園林印象深刻。還有人考證說，中國戲曲鼻祖的昆曲，就發源於顧阿瑛的玉山草堂，而他也當之無愧地成為中國擁有昆腔私家班的第一人。

最有意思的是，到過玉山雅集的賓客中，既有平息叛亂的色目人、蒙古人和漢人高官，也有反抗元朝統治的江南文人。我們可以想像一下，一邊是農民起義不斷，元朝面臨瓦解的危機；另一邊卻是園林中飲酒作詩，賞畫聽戲。

玉山雅集中的人們，為什麼會以這樣一種超現實主義的方式，共同面對那個時代的終結呢？

不同政見者的隱祕仙境

要解開元代江南園林起源之謎，我們還要回答一個問題：顧阿瑛為了什麼原因建造玉山草堂？

首先，元朝的經濟格局給江南的土豪創造了獲得財富的機遇。在元朝短暫的統治時段裡，蒙古貴族發動了大量對內、對外的戰爭。江南生產的糧食、絲綢，成為元朝必不可少的經濟根基。

而當時的昆山，掌握著元代最重要的經濟命脈。這裡有兩條路線可以抵達元大都：一條是從江南密佈的河道網路進入京杭大運河，經過揚州一路北上；另一條是從昆山東

蘇州留園小蓬萊。

面的劉家港碼頭進入東海，走海路北上，到達天津的大沽港，再走陸路到大都。不管是走京杭大運河，還是走海路，起點都是昆山。所有南方的糧食、貨物，都要在這裡裝船，尤其是江南的糧食已成為元廷維繫大都供應的重中之重。這也為昆山周圍的無錫、常州、蘇州、松江在明、清兩代成為天下糧倉鋪設了軌跡。

昆山人顧阿瑛，正是在為官方管理貨物裝運中獲得了巨額財富。

其次，對顧阿瑛來說，財富可以保證衣食無憂，但並不是萬能的。他積攢了富可敵國的資產，但並不能轉化成政治資本。元朝占據了宋朝的版圖，卻沒有繼承對中國文人最重要的一項制度——科舉制。

元朝奉行「馬上得天下、馬上治天下」的統治原則，對手下敗將奉行已久的治理之術很不屑，儘管元朝之前的遼、金、西夏都效仿了北宋的取士制度。元朝在建立之初就取消了隋唐以來興盛數個世紀的科舉制度。江南知識份子的人生目標，本來是飽讀詩書，滿心打算通過科考進入仕途，成為國家的政治精英，現在卻前景暗淡。另外，增長中的財富非但沒有給文人們帶來滿足，反而加劇了生命中的空虛感。比如，和顧阿瑛齊名的無錫富豪倪瓚，就選擇散盡家財，浪跡於太湖的風景名勝中。

元朝後期，在漢人官員的建議下，曾短暫恢復科舉。但因為元朝歷史上延續下來的蒙古人、色目人、漢人、南人的等級制度，蒙古人和漢人分開錄取，許多參加考試的南方文人仍然不得重用。這讓知識階層缺乏對元朝政權的認同感，也在社會不同人群之間留下了難以消除的隔閡。

以上這兩個因素，便為玉山草堂的出現創造了條件。有錢，卻不能參與政治活動，對於江南士豪來說，就只剩下任性這一條路了。

元順帝至正八年（一三四八年），顧阿瑛開始進一步修繕祖業舊園「小桃源」，計畫修建全新園林。正是這一年，顧阿瑛的好友張雨購得了前輩畫家錢選的〈浮玉山居圖〉，他或許就是從這幅畫中得到了啟發（也有人說，昆山別名玉山，玉山草堂從其義）。這幅今天收藏於上海博物館的原畫上，還保留了仇遠、張雨、黃公望、顧瑛、倪瓚等人的詩跋鈐印。錢選是元初的畫家，繼承了宋代山水畫的衣缽。在山水叢林中逃避世俗的煩惱，曾經是山水畫家最鍾愛的主題。而今，這一古老的主題，讓有心出力卻報效無門的江南文人，找到了共同的心聲。

元代的江南文人熱衷於世俗化的生活，並不真心想避居山林，他們更願意把山水畫裡描繪的「世外桃源」搬到自己身邊。既然有了經濟基礎，又有了新的精神追求，天生的行動家顧阿瑛，很快就把這個想像中的山水情景，在自己的家中搭建起來了。

前輩留下的山水之作，就像是可以按圖索驥的施工草圖。元末收藏過《浮玉山居圖》的鄭元祐曾評價此畫：「此間大山堂堂，小山簇簇，雜樹迷離，岩多突兀，煙靄迷津，但聞泉聲，舜舉其畫，得其真玄也。」那麼，把畫中的大山，變成了園林中的假山，畫中的泉水變成了假山中的瀑布和池塘。小橋流水、雜樹珍禽，這些原本在山水畫中的點綴，現在都活生生地成為園林的一部分。這座園林，就是一幅可以讓人置身於其中的山水畫。

這樣一種真實得讓人無法相信的人間仙境，像魔法創造的樂園一樣，讓蒙古貴族、漢人官員、知識份子以及元朝的反抗者，在其中流連忘返。他們對元朝的命運，始終保持了一種身外之事的漠然感，這讓元朝失去了可以力挽狂瀾的最後依靠。

雖然玉山草堂在二十年後毀於元明換代之際的戰火，消失在歷史深處，但園林藝術的形式，在明清時代保留了下來。

超脫與合謀

與草堂的宿命一致，顧阿瑛晚年為避張士誠之亂，盡散家財，削髮為僧，自號金粟道人。他去世的時候已經是明朝洪武二年（西元一三六九年），此前還因為兒子曾入仕元朝而受流放之苦。不知他去世之前，是否會懷念在玉山草堂的那段生活，因為那在一定程度上預示了元朝和他自己的命運。

我們可以再次回顧一下玉山草堂的賓客們。

和顧阿瑛交往甚早的柯九思，是元文宗圖帖睦爾的近臣，奎章閣鑒書博士，因為「南人」的身份受到排擠，退居江南，在「小桃源」時代就多次到訪。還有曾任翰林、侍讀兼祭酒等要職的張翥，江浙行樞密院都事張端，文華殿大學士全思誠。不同時間來到草堂的還有時任浙東道宣慰使都元帥的色目人泰不華，他在一三四八年方國珍起兵後履職出戰，旋即戰死。後來任張士誠太尉府參軍事的陳基也是草堂賓客，他為張士誠起草了大部分佈告、文書，入明後還曾參編《元史》。

據統計，加上王冕、王蒙、倪瓚、黃公望、楊維禎、虞集等志在隱逸的文化名流，以及有文化的僧道人士，共有一百四十餘位出身、政見、族裔各不相同的學者、詩人和書畫家，都曾參加過這個江南園林中的聚會。可以說，他們是在位於繁華市邑的園林裡，共同參與謀劃了元朝的分崩離析。

園林觀念本身，並不是一種享樂主義的表現。園林的建造者從宋代山水畫中得到啟發，把山水畫中描繪的山林景象一一具體呈現。以微縮或者模仿的形式，把遙遠的山林搬遷到自家的庭院中。就像一個魔法師，創造了一個獨立的平行空間。這種全新的建築理念一經出現，就迅速吸引了廣大缺乏現實追求的知識份子。不論是元朝統治的支持者（比如泰不華），還是它的反對者（比如陳基），都在這個超現實主義的空間裡握手言和，一同成為藝術的欣賞者與參與者。

誕生於玉山草堂、對中國現代戲曲影響巨大的昆曲，實際上也是通過對古老人物之靈的召喚，讓古人之靈與今人同堂相見，將這個園林仙境演繹得尤為逼真。

正是玉山親歷者游離於現實的虛無感，加速了元朝的瓦解。

第十章 明式傢俱與白銀時代

充滿想像力的明朝

明代的中國，是一個充滿想像力的朝代。

利用摩尼教的「明王」信仰，元末的起義者顛覆了龐大的元帝國，並讓這個結合了佛教彌勒信仰的名稱，成為明朝的一部分。

另外，失去大都的元朝，並沒有像以往進入中原的游牧民族一樣迅速融入東亞文明的洪流，而是重新回到了大漠以北的克魯倫河流域。從此以北元的名義出現在中國的歷史舞台上，繼續對南方的明朝施加著特別的影響。

明朝的北面，北元重建了漠北地區的秩序。它的西面，察合台汗國依舊控制著河西走廊以西直至中亞的河中地區。再往西，伊爾汗國已經在周邊屬民的反叛下分崩離析，不過要讓它徹底失去「黃金家族」的印記，還要等待之後伊斯蘭化、突厥化的蒙古貴族帖木兒的出現。曾經與伊爾汗國互相競爭的金帳汗國，同樣走了下坡路，但依然維繫著最後的尊嚴，等待莫斯科大公國的崛起。

通過這些簡短的敘述，可以讓我們直觀地明白一個事實：雖然明朝驅逐了蒙古的統治，但打破漢地文獻有限的視角，我們可以清醒地發現，和明朝這個漢地新生的國度相比，蒙古帝國在過去一個世紀中積累的影響力依舊很大。

成吉思汗及其後人建立的蒙古帝國，建都於大都，其本身更是一個世界性的帝國。四大蒙古汗國之間雖然不時因為領土或即位問題發生糾紛、戰事，但更多的時候保持了歐亞大陸之間文化和物質的流通。所以才有了威尼斯旅行家馬可．波羅跨越整個大陸的探險，也有了元朝對域外人文的認識和物產的體驗。

按照元代史書《南海志》的記載，元代從亞、非各地進口的商品，達七十多種，主要有珍寶（象牙、犀角、珍珠、珊瑚等）、香料（沉香、速香、檀香等）、藥材，還有布匹（白帆布、花帆布、剪絨單、毛駝布等）、器皿（高麗出產的銅器，東西洋諸國出產的藤席、椰簟等），以及皮貨、木材（包括船上用的鐵梨木）、漆……等等。[1]

隨著明朝第三位繼承人明成祖朱棣發動「靖難之役」，這位封地與蒙古部落接壤的王子，從北直隸一路向南，成功登位，再度把首都從南京遷回了元順帝離開後的大都——北京。在這個大都的舊址上，或許更能讓人追憶元帝國的輝煌，因為此時，繼承了元朝東亞版圖的明朝，的確開始制訂一項驚人的航海計畫。

過去一直傳聞，鄭和下西洋和明成祖對侄子建文帝下落的興趣有關。更合理的解釋，是因為明代初期依然保留了對「西洋」人文和物產的記憶。鑒於北邊道路不通，從南方走海路其實是最可行的方案。於是，有關這條西洋航路的種種傳聞，就成為明朝這個充滿想像力的朝代中，最讓人嚮往的一段故事。

明朝的傢俱為何如此有名

今天人們有關明朝的印象中，除了錦衣衛、飛魚服、繡春刀之外，還有一類耳熟能詳的器物或許就是明式傢俱了。傢俱，家家戶戶都有，桌椅板凳、衣櫥箱櫃，都是傢俱。傢俱的樣式、材質、裝飾方法多種多樣，價格也高低不同。即使是對傢俱最外行的普通人，大概也能說出當下價值最高的明式黃花梨傢俱。

明式傢俱以几案、椅子、凳子為主，有著古樸典雅的特徵，為傢俱愛好者所熱衷。然而，中國歷朝歷代，相隔幾百年，按說都有各自的傢俱款式流傳後世，為什麼獨有明式傢俱一直受到推崇呢？

明黃花梨透雕靠背圈椅。

明黃花梨玫瑰椅。

這裡我們首先需要區分兩個概念，分別是傢俱的樣式和材質。明式傢俱一般不以繁縟的花紋飾樣取勝，而著重於傢俱外觀輪廓的線條變化，每件具體器物，都富有一種線條流暢的美感。這種傢俱既脫離了宋元之前過於古拙的傳統樣式，又能做到取法自然、簡約返璞，和清代及以後非常講究表面裝飾、精鏤細刻的傢俱有很大區別。這種式樣的傢俱，不論是實物還是圖片都較容易找到。明代以後的工匠，只要參照圖樣，照葫蘆畫瓢，也能製作出八九不離十的（仿）明式傢俱來。

然而，這種不太高的門檻，或許會讓明式傢俱的身份有所下降，所以，業界在此基礎上，又給這種傢俱增加了一個材質上的屬性——明式傢俱應由黃花梨、紫檀一類南洋硬木製成。花梨木現在主要生長於中國海南和中南半島，而紫檀主要分佈於印度洋沿岸。這些並非中國內陸盛產的木料，便以其外來特徵，成為明式傢俱的一項重要元素。

為了使明式傢俱材質的獨特性言之成理，這些南方硬木的來源，便與鄭和下西洋的傳說產生了聯繫。按照流行的說法，在鄭和七次下西洋的行動以及之後的海上貿易中，瓷器作為中國商船的貨物兼壓艙物，在海外港口被置換成了同等重量的西洋硬木，並隨著鄭和寶船一道回到中國。就這樣通過明代的對外貿易，印度洋沿岸的紫檀木，南洋地區的花梨木，源源不斷地流入中國。而以漆木製作聞名的蘇州地區，比鄰鄭和出海的昆山劉家港碼頭，所以蘇州當地製成的蘇作明式黃花梨傢俱便隨之誕生。而這類硬木原料，又反過來使明代傢俱有了獨特的魅力。

不過，真相並沒有這麼簡單。明代傢俱的興盛，的確反映了明代對外貿易的巨大收益。對外貿易使得當時的中國人，尤其是江南一帶的富裕家庭，在生活品質上有了更高的追求。然而，明代的人們是否真的對南洋硬木保持了追捧的態度，並視之為珍品，則有待探討。

接下來，我們將從明代的傢俱談起。從這種典雅的家居陳設給明朝生活和社會階層帶來的改變中，瞭解一下當時日益增長的物質追求，是如何把明代引入高收入、高風險的全新的貿易體系中去的。

明式傢俱和木匠皇帝有關嗎？

明式傢俱神話的誕生，很可能和另一個傳說也有密切關聯，這個傳說的主人公就是明朝的倒數第二位皇帝熹宗朱由校。

中國歷史上許多皇帝都有個人愛好，比如後唐莊宗李存勖喜歡唱戲，是位超級票友；宋徽宗趙佶喜歡書法、繪畫，自成一家；而明熹宗則是一位木工愛好者。明熹宗對木工活計非常著迷，為了做手工，甚至把國家政務推給太監管理，魏忠賢因此得勢。不過這個說法主要來自清朝方面的記載，可能有抹黑木匠皇帝的嫌疑。

按照明末筆記《酌中志》記載，明熹宗不但親自參與了大內宮殿的建造，還酷愛製作木器，傢俱、木偶、屏風樣樣精通。他親手製作過一個噴泉裝置，在大銅缸裡設置好管道，通過開關可以控制水流的大小。據說他還製作過一些木偶，有男有女，神態惟妙惟肖，不但五官輪廓清晰，還安裝了手臂，繪上水彩，下面固定在竹板上，搖動起來栩栩如生。最讓人稱道的是他製作過一張木床，不但親自雕鏤花紋，還設計了可以折疊的床板。這種款式可能在當時也是獨一無二的。遺憾的是，這些木質傢俱都沒有保留下來，只是給我們留下了廣闊的想像空間。

木匠皇帝製作傢俱的木料有哪些呢？《酌中志》中沒有提到熹宗使用的木料，但提到當時的宮裡確實設立了一個名為御用監的部門：「凡御前所用圍屏、擺設、器具，皆取辦焉。」「有佛作等事，凡御前安設硬木床、桌、櫃、閣及象牙、花梨、白檀、紫檀、烏木、鸂鶒木（雞翅木）、雙陸、棋子、骨牌、梳櫳、樑甸、填漆、雕漆、盤匣、扇柄等件，皆造辦之。」從中可以見到，明朝宮內的確使用了「花梨、白檀、紫檀、烏木」等料，但它又不屬於製作硬木床、桌、櫃的材料。當時用作傢俱的硬木，多指杉木、楠木一類中國廣泛使用的木材。

這本有趣的文獻還提到：「聖性又好蓋房，凡自操斧鋸鑿削，即巧工不能及也。又好油漆匠，凡手使器具皆御用監、內官監辦用。」就是說，明熹宗喜歡動手做的事情，除了做傢俱和蓋房子，還有給傢俱上漆——在做好的傢俱表面刷上厚厚的大漆，用彩繪或鑲嵌的方式進行裝飾。這就是我們一般說的漆木傢俱。既然外面上了大漆，裡面到底用了什麼木料，也就無關緊要了，因為一概看不見。

而用花梨木或紫檀木之類的硬木製成的明式傢俱，表面是不上大漆的。可見木匠皇帝熱衷的傢俱，並不是今天認為的黃花梨傢俱。而且，根據萬曆晚期編撰的《工部廠庫須知》所載，廣東布政司每年交給御用監的硬木有「胭脂木十段、花梨木十段、南棗木十段、紫榆木（紫檀）十段」。這些木料都交給擅長精細雕刻小件的「佛作」進行加工，並沒有製作成後來所謂的明式傢俱。

這樣看來，有關鄭和用中國貨物去南洋換花梨木、紫檀木，再製成明式傢俱，並對明熹宗產生了吸引的說法，並沒有什麼依據。那麼，問題又來了，為什麼在後來的年頭裡，花梨木和紫檀木會從明代傢俱中脫穎而出，演變成一個關於明式傢俱的傳說呢？

園林裝修指南

要解開明代傢俱的這些疑點，我們要諮詢一位明代的蘇州作家文震亨。他的頭銜很多，有作家、畫家，還有園林設計師，有趣的是，他還是江南四大才子之一文徵明的曾孫。文震亨寫了一本《長物志》，成為今天研究明代文人生活的指標。

明代文人的生活，得益於當時經濟的發達。對這一點，鄭和是有很大功勞的。在明朝北邊與西洋陸路通道阻斷之際，他打開了中國通往印度洋的商業路線。借助這條路線，明朝人也和占領東南亞的西班牙人、荷蘭人展開貿易。所以說，鄭和帶給明朝的其實是一條商業路線，瓷器、絲綢一類的中國商品經由這條路線外銷，反過來又給明朝換來了來自美洲的白銀，以及象牙、花梨、白檀、紫檀、烏木、鸂鶒木等外來物產。外來的經濟動力和資本，對生產外銷產品的江南地區產生了重要影響。

當這些財富開始在當地積累起來時，明代江南富豪建造園林的熱情遠遠超過了前代。園林不再是過去那種逃離現實的都市仙境，而真的成為世俗生活的逍遙鄉。此外，新式原料的進口，也讓明代中國人的生活水準有了很大提高。於是，建造園林或提高生活水準就成為明代人生活中很重要的一個方面。文震亨的《長物志》便在這樣的背景下應運而生。書中寫到「室廬、花木、水石、禽魚、書畫、几榻、器具、位置、衣飾、舟車、蔬果、香茗十二類」器具。用今天的話來說，這就是一本「園林裝修指南」：如果要佈置一座園林，需要哪些物件。

我們試想一下，如果要讓一座空蕩蕩的房子充滿生活氣息，最少不了的其實就是傢俱，「花木、水石、禽魚、書畫」都派不上大用場。正是那些看似普通的桌椅板凳、床榻箱櫃，讓整個房間有了使用感。這些傢俱的裝飾基本都以髹漆為主，比如，桌子「漆者最多」，椅子「最多曾見元螺鈿椅」（嵌螺鈿為大漆工藝的一種），床則「以宋元斷紋小漆床為第一」。可見，中國本土用來製作傢俱的木料都不特殊，但中國的大漆工藝

揚州瘦西湖半面書屋水榭花窗與樹樁、几、凳。

了得。不管什麼木料，只要表面用大漆裝飾，看起來就非常漂亮，既方便裝飾，也方便擦拭打理。這是明代傢俱的主流製作方式。

不過，我們在上一章中已經發現，園林有個奇妙的地方，它的本意是模仿自然環境中天然出現的仙境。在這個仙境裡，最受歡迎的魔法效果，可能就是一棵植物自己生長為一張茶几、一張椅子，彷彿渾然天成的一件器物。我們時常見到的造型獨特的根雕器物，就是基於這樣一種思路製成的。

所以，在《長物志》的「几榻」一欄中，還專門留出了「天然几」這個類別。這種天然几一般都「以文木如花梨、鐵梨、香楠等木為之……或以古樹根承之」，給人一種渾然天成之感，也算是園林這個人造環境中，最接近自然的一種陳設。既然謂之「天然」，大漆便用不上了。但一般木料不用大漆，不免失之單調。而通過海洋貿易來到中國的花梨木和紫檀木，因為本身自帶緻密細紋，可以替代漆色的裝飾效果，又給使用者提供了天然的想像空間，終於在中國傳統傢俱的行列中躋身於一角。不過，在當時，這些南洋硬木在傢俱製作上的地位，還是比較邊緣的。

這樣，《長物志》這本「園林裝修指南」就幫我們解開了明式傢俱之謎。首先，我們瞭解到明代園林裝修和傢俱工藝的普遍情況，主要還是以上漆為主，不上漆的只是少數。其次，紫檀、花梨一類硬木的出現，確實增加了明代傢俱材料的種類。但是，這些木料之所以在今天成為明式傢俱主要的標籤，是因為一個尷尬的理由：它們不用上漆，看一眼木料本身的紋理，要比辨別傢俱的款式造型簡單許多。對於許多初級入門者而言，這就成了金科玉律。所以，由南洋硬木製成的傢俱，也就借由一個傳說，一不小心從明代傢俱中的非主流，成為「明式傢俱」的主流。

明代傢俱背後的國際貿易

從新的視角審視明式傢俱，我們會發現，這一切得益於從元代開始出現的江南園林。

園林的修建在富裕的明代江南更加普遍。與園林有關的明代著作，除了《長物志》以外，還有更為專業的《園治》一書，該書涉及具體的園林建造。不過要論園林內部的家居佈置，還是首推《長物志》。通過這部作品，我們可以梳理出一系列有趣的邏輯。

明代眾多私家園林的修建，既推動了造園建築業的發展，也刺激了以傢俱製造業為主的內部裝修產業的興盛。不論是富豪之家，還是從對外貿易中獲利的普通人家，都在傢俱等內部裝修方式上動腦筋，明代傢俱就是在這個大背景下走向興盛的。這也是明代傢俱給人印象深刻的一個原因——絕對數量上的優勢，能將這種流行趨勢鞏固下來，變為一種獨特的審美趣味。不過，從文獻中我們也能看到，明代傢俱的主流還是漆木傢俱，南洋硬木製成的傢俱占比非常有限。

大約到清代以後，南洋硬木的進口才逐漸普遍起來，人們用這類材質仿照明代傢俱的樣式，製成了形制相仿的器具，終於使「明式傢俱」成為流行趨勢。今天留下來的「明式傢俱」，有大漆的，也有花梨木的，前者還是主流，花梨木等硬木的還是以清代及以後仿製的居多。歸根結底，這些都反映了明清時代江南社會因商品經濟發達而富裕的一面。

我們也可以從這個新的視角解讀明熹宗熱愛木工的記載。不是皇帝對木工的愛好影響了明式傢俱的出現，而是明代社會普遍的家庭陳設品味使傢俱製作成為一種風潮，並感染了皇帝的個人愛好。而這一切都源自明代初期對南洋、西洋航路的探尋。從這個角度來看，鄭和下西洋的歷史事件，也無法自外於整體的趨勢。

明代中國，尤其是東南沿海，與菲律賓、日本，以及剛來到東亞的西班牙、葡萄牙、荷蘭等國的貿易活動，為明代園林和傢俱的興盛提供了最重要的經濟支援。按照著名經濟史學家貢德・弗蘭克在《白銀資本》一書中的說法，中國在當時成為美洲白銀主要的流入地之一。隨著大量中國優質瓷器、絲綢輸出到葡屬印度群島、菲律賓以及西方國家，「每年大約有二十萬公斤的白銀流入從寧波到廣州的華南和東南沿海地區」[2]。這些隨著象牙、紫檀、烏木等南洋物產一同流入的白銀，在鴉片戰爭之前都沒有再次流出中國，直至清朝開始簽訂附帶賠款條目的議和條約。

白銀的去向

現在，我們知道明式傢俱之所以流傳後世，比我們設想的複雜，也有趣許多。

從更大的角度來理解明代經濟，我們會發現，元朝留下的西洋記憶，激勵明代初期的統治者通過海路重建與歐亞大陸西部的聯繫。鄭和的船隊開闢的這條海上路線，使中國產品向西流動的效率遠超元代的內陸商旅。

中國的商品以及有關東方的傳說，最終促使西歐冒險家在一個多世紀後繞過好望角，沿著鄭和航線逆向行駛，來到了中國的南海之濱。隨著西班牙、葡萄牙兩國海船一同到來的，還有美洲新發現的白銀。海外貿易帶來的大量白銀，使中國的財富得到極大增長，不但刺激了家居生活的繁榮，也讓元代時少數「土豪」興建的私家園林，在明代大量出現。

而傢俱作為家庭日常和園林陳列中必不可少的組成，在這種消費潮流中被大量製造出來。潮流波及之廣，連皇帝也成為擅長傢俱製作的木工愛好者。

我們今天所謂的明式傢俱中主流的紫檀木、花梨木，是來自南洋的硬木，在當時只是明代眾多傢俱材料的一兩種。因為獨特的紋理和裝飾效果，在所有明式傢俱中，它們成為最易辨認的類別，並影響了後世對明代傢俱的判斷。從這個角度來看，可以說不加修飾的明式黃花梨傢俱，濃縮了後人對這個充滿想像力時代的集體記憶。

通過對外貿易流入明朝的白銀，不但促進了國內的生產，還刺激了人們的購買欲望。明朝還向北方黑龍江、嫩江流域的人群開放市場，用白銀購買東北亞地區的特產，比如人參、貂皮、鹿茸……等等。這些白銀最終轉化為糧食性產品留在東北，於是前面「『李將軍』傳奇」中的迴圈又出現了：這些糧食讓北方滿洲地區的人口急速增長，更多的人口生產了更多的特產，更多的特產又換來更多的糧食。

最後，在明朝末年，那些在兩個世紀中數量高速增長的北方人，突破了山海關的防線。下一章，我們將從火槍這一明清交替中起到關鍵作用的武器，來談一談滿洲女真社會的發展，以及他們如何捲入歐亞大陸的整體脈絡。

1 陳高華，《元代的海外貿易》，原載《歷史研究》一九七八年第三期，轉引自陳高華著，《元史研究論稿》，中華書局，一九九一年。

2〔德〕貢德．弗蘭克，《白銀資本——重視經濟全球化中的東方》，劉北成譯，中央編譯出版社，二〇〇八年，第二二五頁。

第十一章

明清火器與草原貿易網

放糧還是不放糧

明代末年，國家陷入了嚴重的危機中。來自陝西北部安塞縣的馬販高迎祥自號「闖王」，拉開了明末農民起義的序幕。起義的原因是饑荒。

在過去幾十年裡，由於漠南蒙古的俺答汗在土默川（前套平原）開啟通商互市，明朝維持了北面的安定。這讓明朝可以把大部分注意力放在東北地區的滿洲部落。從國家層面來說，注意力便意味著大量的人力、物力的投入，說得更具體一點，就是明朝把糧食都運去了東北。

我們在之前的章節中已經知道，明朝在中期以前，出於非常複雜的心態和全球化的契機，有意識地強化了東北地區的投入。比如與女真開始「馬市」，以限制蒙古馬對明朝馬政的壟斷。同時，因為南方貿易的豐厚收入，開始大規模購入東北產品，極大地刺激女真社會在貂皮、人參、東珠等物品方面的生產。這導致的一個結果就是女真人口大幅增長。

在一個極易受氣候變化影響的地區，催生出一個人口龐大的社會，是一件危險的

滿洲初創時赫圖阿拉等地邊貿的繁榮景象，塑像根據文獻還原。作者攝於遼寧省博物館。

事。為了安撫這個不甚穩定的社會，明朝每次都以息事寧人的姿態，通過擴大貿易份額，增加糧食投入，獲得一時的安定。而這些舉措，只不過是把更大的威脅留給了未來。

除了供給女真的糧食之外，明朝還在山海關外安排了重兵，戍卒的後勤消耗可能還要超過貿易活動的投入。而且，明代後期李成梁、熊廷弼、袁崇煥等將領，都在東北進行過大規模的軍事行動。

這幾方面的開銷疊加在一起，困擾明朝後期的問題就漸漸浮出了水面，這真的是一個「人們日益增長的物質需要與有限的社會生產之間的矛盾」。

這個問題也困擾著明朝後期所有的邊疆大吏，比如袁崇煥，就是在「放糧還是不放糧」這個莎士比亞式的難題中，走向了自身命運的終點。日益增長的關外人口，還會在極端狀況下對明朝的邊關發動經常性的衝擊。明朝方面，隨著生產匱乏引起的內向坍塌，邊關將領們從初期的屢屢獲勝，轉變為中期難求一勝，到最後屢戰不勝。

為了解決打不贏的問題（糧食匱乏的問題，幾乎是無解的），明朝方面決定採用全新的武器，希望藉此取得一勞永逸的勝利。這個新武器，就是火器。

火器的進化

大約在唐代時，中國就有了製造火藥的記載。火藥在軍事上的正式應用，大概要從北宋算起。宋真宗時已經有火箭、火球等武器。根據曾公亮的《武經總要》記載，當時已有三種火藥配方及多種火藥武器。從效果來看，這些火器的作用主要有兩類：一類是單純地遠距離點燃對方裝備；另一類則是通過燃燒含硫物質，發出大量煙霧及刺激性氣體，用以阻遏敵軍。顯然，這和後來的火藥武器相去甚遠。

蒙古軍隊在南下征服的過程中，通過與宋軍接觸，迅速掌握了火藥的製作和火器的應用，這在他們傾力西征的過程中也起到了一定的作用。後來通過元軍與阿拉伯國家的交流，火藥又進一步西傳，最後經由環繞地中海的路線傳入歐洲。另外，阿拉伯地區的一種攻城設備，也經由蒙古軍隊傳回中國，因為來自西亞地區，便被概稱為「回回炮」。這種設備雖然名為「炮」，但並沒有用火藥，而是一種體量驚人的投石機，利用槓桿原理拋射巨石，能對牆體和人群這類大規模目標造成不小的殺傷。

後來經過歐洲人改良的火器，就是把中國和西亞的這兩種技術結合在了一起。在密封鋼製炮管內點燃炸藥，極短時間內增大的壓力，可以將炮管內充填的炮彈高速射出，實現對遠距離目標的打擊。這利用了火藥的爆炸力，也實現了投石機的射程，但技術關鍵在於炮管的研製和火藥成分的配比。

早期的歐洲火炮並不明顯優於中國火器，隨著煉鋼技術的升級、火藥成分的研發，以及瞄準計算的發展，歐洲火炮的技戰術水準在長期實踐中有了很大提升。

在鄭和遠赴印度洋、阿拉伯海，以及非洲東海岸的近一個世紀後，葡萄牙航海家達伽馬繞過好望角，沿著與鄭和近似的路線反向而來，到達了印度洋海域。從此以後，歐洲大帆船開始出沒於從印度洋到中國南海的廣闊海域。隨同這些帆船一同來到南中國沿海的，除了歐洲的傳教士和南美洲的白銀，還有已經開始走在世界前列的歐洲科學技術。其中既包括航海旅行賴以生存的天文、海流知識，也少不了在海上遭遇戰中險中求勝的武器製造技術。

當時的明朝政治家和邊疆大吏並不清楚，正是歐洲人的貴金屬和購買力，刺激了明朝社會的生產熱情，促使他們將剩餘糧食流轉到東北部落的營帳，最終為自己培養出一位揮之不去又無法戰勝的強大貿易對象。但是，明朝對那些出沒於南海島嶼、試圖深入帝國內部的葡萄牙商人和傳教士，還是有著直觀的認識，尤其是對隨之而來的西洋大炮和火槍。

這些外來的武器，能否對關外的人群產生足夠的震懾，讓他們重新服膺帝國的權威，並最終拯救搖搖欲墜的明朝呢？

紅夷大炮真的擊中努爾哈赤了嗎？

滿洲的女真部落國家，是明朝中後期的主要對手。在雙方戰爭中，明朝的優勢漸漸喪失，反映出滿洲方面的逐漸強大。

明朝原本就有使用火器的傳統，這些火器主要分為兩類。第一類是拿在手裡的火銃和鳥銃，都是在鐵管中裝入鉛彈或鐵彈，引燃內裝的火藥來發射。這種火器射程較近，也就五六十公尺。火銃是直筒，鳥銃則裝了槍托（從日本輾轉流入的改良型），槍管也比較長，瞄準性稍好一點，造型類似西方的火繩槍。

第二類就是火炮，發射原理和火銃一樣，體形巨大，有的可達上千斤，裝填較大的

明弘治十八年（西元一五〇五年）碗口銃。

明嘉靖二十四年（西元一五四五年）子母銅火銃。

石頭、鉛彈、鐵彈。明代早期的火炮沒有統一的規格，口徑差別較大，有些炮筒很短，發射時響聲很大，射程卻很短。因為煉鋼技術跟不上，鑄造的炮身穩定性不太好，有時開一炮，自己人也被震飛挺遠，甚至還會發生炸裂自傷的情況。所以，作戰的時候，主要靠響聲和煙霧起到威懾作用，或者對大面積的敵軍有一定殺傷效果。

這是明朝自身的火力裝備情況。而早期的滿洲部落，只有弓箭、大刀，在明朝軍隊面前幾乎不堪一擊。隨著戰爭的不斷爆發，滿洲軍隊的數量和戰鬥力不降反增，這讓明朝非常頭痛，急需可以克敵的武器。

大約在天啟年間，也就是明朝倒數第二位的木匠皇帝當朝的時候，占據澳門的葡萄牙商人，打撈出一艘英國武裝商船，把船上的三十門艦載火炮中的一部分賣給了明朝。在此之前，內閣次輔徐光啟從葡萄牙人處購得四門火炮，此為明朝購買紅夷大炮之始。這次得到的英製艦載火炮，炮身長，有較厚的炮管，射程和精准度都明顯優於明朝自製火器。急需優良武器的明朝，對這種大炮很感興趣，很快就開始尋求更廣泛的獲取管道。

他們一方面繼續從葡萄牙人和荷蘭人手裡購買西式火炮，另一方面也通過仿造的方式嘗試自己生產大炮。葡萄牙人和荷蘭人都被明朝稱作「紅夷」，也就是紅色頭髮的外國人，因此這種大炮也被稱作紅夷大炮。

此時，明朝和滿洲的戰爭已經發展到難分勝負的階段。這些新引進的火炮，加上另外購買的火繩槍，很快被部署到了遼東戰場，準備當場檢驗效果。這時鎮守遼東的就是著名將領袁崇煥。傳說他在遼東的最大功勞，就是用部署在寧遠城上的紅夷大炮，擊傷了滿洲大首領努爾哈赤，導致後者因傷過重不治身亡。

雖然傳說把功勞算在了袁崇煥和紅夷大炮的身上，但無論是袁崇煥的奏摺，還是明朝表彰袁崇煥取得寧遠大捷的聖旨，都不曾提到努爾哈赤受傷一事。而且據《兩朝從信錄》等當時的文獻顯示，已經六十八歲的努爾哈赤，其實是死於背部腫瘤。

人們為什麼這麼喜歡紅夷大炮的傳說呢？一個理由或許是，後人篤信當時先進的舶來武器，會對來自東北林莽的部族領袖產生巨大威懾。而袁崇煥和紅夷大炮便是明朝最後一次擊敗滿洲部落的機會。退一萬步講，即便傳說是真的，明朝改進的西式火炮能否對滿洲騎兵產生根本性的優勢，進而改寫明清之間的歷史呢？

北方草原的貿易網

歷史的真相是，紅夷大炮的確只是一個美好的傳說。

明朝希望借助這些先進武器，取得對滿洲部落的壓倒性優勢，然而後者對明朝的新式大炮和火槍並不陌生。因為明朝並不是滿洲部落接觸的唯一人群，在明朝眼中封閉、落後的滿洲，還有其他的鄰居。滿洲的西部，在蒙古高原的北面，有三大蒙古汗國，再往西是廣闊的西伯利亞，和歐亞大陸北部草原連成了一片。

十六世紀初，逐漸興起的俄羅斯開始走上對外擴張的道路。十六世紀中葉，沙俄相繼征服伏爾加河流域的兩個蒙古公國，東越烏拉爾山，進入西伯利亞平原。俄羅斯軍隊在征服西伯利亞汗國的過程中，就是憑藉火槍（對弓箭）的技術優勢，一步步向東開拓，沿著額爾濟斯河，毗鄰了蒙古高原最西部的阿爾泰地區。面對西伯利亞汗國的抵抗，俄羅斯幾乎是全靠火炮的幫助，才最終在這個地方站穩了腳跟。

明朝中後期，蒙古汗國位於中間、俄羅斯位於西部、滿洲位於東部的格局已在亞洲北部建立。俄羅斯的東進勢頭被蒙古汗國阻擋後，他們只好通過貿易手段，換取當地人的支持。

俄羅斯商人渴望蒙古和遠東地區的貂皮，蒙古汗國則在實戰中看中了俄羅斯的火炮和火槍。就這樣，在雙方各有所需的背景下，俄羅斯與遠東的貿易聯繫建立起來了。根據俄國方面的記載，當時到訪莫斯科的蒙古使團，曾提出感興趣的俄國產品有：「銀盤三個，珍珠若干，火槍二十支，快刀兩三把……」

儘管俄羅斯禁止向蒙古方面提供槍支，但西伯利亞的堡壘前哨，還是從返回的蒙古使團代表身上搜出了偷運的九支火槍。這顯然只是其中一小部分。一六三八年，是莫斯科最後一次向蒙古地區派遣使節團的一年，但蒙古人只給了他們兩百張普通貂皮，以及用於抵充價值的「兩百袋茶葉，若干匹中國花綢緞」[1]。這大概是對之前從兩位俄羅斯大使身上扒下佩槍的回執。

同樣是在一六三八年，這是清太宗皇太極在瀋陽稱帝、把國號從「大金」改為「大清」的第三年。不久前他擊潰了蒙古末代大汗林丹汗，使得漠北蒙古喀爾喀三部大為震服，先後前來朝貢。這一年的《滿文老檔》提到，喀爾喀三汗之一的土謝圖汗除了進獻駱駝、馬匹、貂皮之外，還有「俄羅斯國鳥槍兩支」。另一位車臣汗也獻了「俄羅斯國鳥槍一支」。

明朝有南邊的葡萄牙商人，而滿洲首領也有自己北面的蒙古盟友，以及更西面的俄羅斯遠客。由此可見，全球化的先聲早已來到歐亞大陸的東北角，只是選擇了一條明朝所不知的路徑。就在明朝文獻提到所謂紅夷大炮擊傷滿洲大首領的幾個月後，《滿文老檔》寫到，努爾哈赤依然忙著「整修舟車，試演火器」。究竟這些火器是來自南方的明朝降將，還是北面的俄羅斯使團，就不得而知了。

儘管結果我們已經知道，但這張被草原聯繫在一起的北方網路至少告訴我們，滿洲大首領對明朝的勝利並非偶然，一切早已寫入了十六世紀以來漸漸明晰的全球趨勢。

早已被寫下的結局

當我們把蒙古高原東、西兩邊發生的事情聯繫在一起的時候，就差不多能明確滿洲首領的物質流動之路了。

我們就從蒙古汗王送給莫斯科的那「兩百袋茶葉，若干匹中國花綢緞」說起。據俄羅斯方面的文獻記載，沙皇和貴族們當時還沒有打通遠東路線，對待這兩百袋茶葉的態度還非常謹慎。他們模仿起在阿勒坦汗（即俺答汗）營帳中看到的蒙古人喝茶的方式，往茶裡添加了很多牛奶和蜂蜜。這是最早的關於茶葉進入俄國的文獻記載。有趣的是，中國生產的茶葉，也以這樣一種特別的方式，通過俄羅斯進入了歐洲的市場。這應該要比西方通過英國東印度公司瞭解和品嘗茶葉早一個多世紀。

蒙古的茶葉和綢緞又來自哪裡呢？閱讀完本書前面章節的讀者，顯然不會為這個問題感到困惑。

從明代初期開始，明朝就在東北滿洲和蒙古地區開設了多處市場，用以交換東北的物產，包括馬匹、貂皮等，其中主要的就是人參，而且需求量從明代中期以後成倍增長。明朝之所以有了這麼大的購買力，得益於它和葡萄牙、荷蘭等國的海外貿易。明朝向西方出口瓷器，換來白銀，又將這些白銀用於購買北方物產。這一物質的流動，既為滿洲的崛起提供了動力，又讓明朝的茶葉和綢緞源源不斷地流入了蒙古和滿洲地區。

不久前，貂皮還是北亞林地與草原之間的強勢貨幣。可由於南方漢地和西方俄羅斯這兩大人口共同體的需求，已經很難持續穩定地獲得貂皮了。於是，來自漢地的茶葉和綢緞，借助幾個世紀以來形成的草原網路，成為蒙古地區的新貨幣，並即將開始源源不斷地向外流動。

現在，這些來自明朝的茶葉和絲綢來到了俄羅斯商人的手中，而來自俄羅斯的火槍則轉移到了蒙古貴族這一邊。就在努爾哈赤進攻袁崇煥鎮守的寧遠城之前幾年，他已率軍征服了漠南地區的蒙古部落。和俄羅斯接壤的北方蒙古汗國也被滿洲的勢力震動，紛紛派遣使者前來表示歸順。我們已經瞭解到，蒙古使者獻給努爾哈赤的禮物中就有不少是來自俄羅斯的火槍。

除了火槍以外，明朝方面的葡萄牙傳教士發現，在滿洲騎兵當中，還有不少蒙古部隊。他們最遠的來自與俄羅斯接壤的伏爾加河下游一帶，不但在一個世紀以前就到過莫斯科和波蘭，而且早在俄羅斯東進的時候，就見識過俄國火炮和火槍的威力。[2]

所以，對於努爾哈赤來說，明朝的火槍和火炮，根本就算不上什麼特別的法寶。滿洲部落早就通過北方草原的網路，獲得了有關槍炮的知識和體驗。而這些，就源自明朝自己在過去一個多世紀裡通過瓷器、白銀、絲綢和茶葉，發展起來的貿易網路。

可以說，恰恰是明朝自己，以及背後的全球貴金屬流動趨勢，為滿洲的崛起鋪平了道路，也為他們提供了重要武器。

談完明清易代之際的火器，本書的主要內容也將在隆隆炮聲中走向尾聲。在下一章，我們將沿著全球化的思路繼續出發，從一個微觀的角度，重新審視一下清代的命運，以及中國在現代工業社會面前受到的衝擊。

1〔蘇〕沙斯季娜，《十七世紀俄蒙通使關係》，北京師範大學外語系七三級工農兵學員、教師譯，商務印書館，一九七七年，第五一頁。

2 衛匡國，《韃靼戰紀》，收入《韃靼征服中國史》，中華書局，二〇〇八年，第三六七頁。

第十二章

藍染布與清代的命運

清朝的經濟危機

最後一章，我們要延續本書一貫的主題，從生產與消費的角度，討論物質文化產品背後的宏觀社會機制。我們討論的主題，從高冷的玉器、青銅開始，由園林、傢俱進入明清以來的世俗生活，希望揭開這些奇珍異寶的神祕面紗，把它們還原為人類在物質交流中產生的具體物品，以期通過物品重現社會本身的進程。現在，我們要在世俗的道路上繼續前行，來談談清代的日常生活中最常見的藍染布。

清朝是中國古代距離我們最近的一個朝代。因為時間近，所以留下的研究材料和討論的話題也特別豐富。清朝留給我們的話題中，主要涉及兩方面：一是清朝中前期的「康乾盛世」、國富民強；二是清末時期的列強環伺、國破家亡。但凡我們討論清朝，這兩類主題基本上是繞不過的。

這兩個問題，其實是同一個問題的不同方面。換句話說，清代中前期與後期所面臨的截然不同的局面，完全就是同一件事情在發展過程中經歷的不同階段。

清代前期，遼東人群取代明朝，成為東亞地區的主要掌控者。新興王朝也把國家從明末以來最龐大的一筆開銷中解放了出來。遼東地區此後永遠不再成為國家財稅的黑洞——畢竟隨著八旗的入關，龍興之地的安全性可以說是高枕無憂了。另一個曾經困擾明朝，並間接造成李自成起義的北方關防問題，也隨著清朝與蒙古諸汗的結盟與聯姻，得到了一勞永逸的解決。這意味著，清朝不用像明朝那樣在北境戍邊行動中投入巨額開支，而是可以把這些財富用於國庫積蓄和國民福祉的提高。

另外，清朝初期雖然經歷了針對東南鄭氏抵抗力量的閉關政策，但對外貿易的吸引永遠大於閉關。作為明朝留下的產業，瓷器、絲綢、茶葉貿易又開始運轉起來。一邊是支出大幅減少，一邊是收入穩步增長（儘管通商有限，但仍在有效程度之內），一起成就了清朝中前期經濟發展、社會穩定的大好局面。

然而清朝有一個特殊的癖好：熱衷出口，而無意進口。通過出口產品，清朝從國際市場上獲得了大量白銀，但因為無意進口，這些白銀便無法重新回到國際市場，永遠留在了中國的銀窖當中。換句話說，中國出口產品交換的是作為商品的有色金屬白銀，卻沒有將其當作國際流通的貨幣。打個簡單的比方，如果某個小鎮上的土豪熱衷收集硬幣，那麼總有一天，人們會發現在自動投幣公車上無幣可投。

兩次鴉片戰爭之後，中國的國門被迫打開，隨著白銀重新回流國際市場的是外來產品相繼湧入國內。在健康的雙邊貿易關係中，出口和進口長期的動態平衡，有助於本國產業的發展和資本的積累。但是長期閉關導致的一系列結果，就包括產品生產能力和產業結構的雙重脆弱。在選擇更多、價格更有競爭力的洋貨面前，中國本土產品的市場不斷萎縮。而市場的喪失，意味著國家收入的下滑，以及更大的收支危機。

清代最後的危機，是從一些微小的生產領域開始蔓延的，比如——南方的紡織與印染行業。

藍染布的興起

我們要討論的藍染布，是指用植物染料藍靛染色的藍色土布。我們常見的藍印花布，就是典型的藍染布。製作藍印花布的工藝有好幾種，比如蠟染、紥染、夾染（夾纈），它們的共同點就是利用各種方法使布料表面有的地方染上藍顏色，有的地方不染色，通過顏色對比來呈現花紋。當然，許多時候也可以把整塊布料整體浸入藍靛染料中，經過

當代湘黔山民調製藍靛的情景。

煮熱、固色、漂洗工序，使之成為純藍色土布。

顧名思義，藍染布除了需要有布以外，另一項少不了的原料，就是藍色染料藍靛。中國傳統上用來製造藍靛的植物，一般有馬藍、蓼藍、菘藍和木藍，統稱為藍草，菘藍的根部就是我們熟知的板藍根。製作藍靛染料時，把植物的枝葉浸在水中使其漚熟、腐爛，之後加入石灰沉澱，就能製成膏狀的藍靛原料了。

布匹染色工藝在中國很早就出現了，在早期歷史中，藍染工藝並不是主流，比如秦漢時期流行黑色、紅色（赭色），中古以後隨著外來植物染料的出現，黃色、褐色、綠色也在各個時期成為當時的首選。南宋時期，江南的嘉定等地，出現了一種名為「藥斑布」的印染布料。根據《練川圖記》的記載，藥斑布是一種藍白相間的花布。直到明清以後，藍染工藝和藍染布逐漸在中國大範圍地流行起來，並於最終成為中國本土產品的翹楚。

秦漢時期，中國普遍使用的布匹原料以苧麻為主，絲、帛與普通大眾尚有一定距離。自隋唐以來，毛織物及纖維較短的木棉織物有所普及。而現代意義上的棉布的大範圍出現，則要等到元代以後原產印度的海島棉（棉花）的引進。元代松江人黃道婆把織

（棉）布技術從海南引入長江下游三角洲的傳說，可能就是棉花普及故事中的一個章節。這些纖維較長的棉花，取代苧麻和木棉，成為明清以來中國與世界紡織物的主要原料。在人類研發的所有染料中，藍靛對棉布的著色效果是顯著的，也是最穩定的。

藍靛的著色效果和棉布的出現，決定了藍染布生產成為清代最重要的產業之一。我們應該會記得，在關於晚清的眾多敘述中，都提到了在洋布的衝擊下，這種藍色土布滯銷，進而導致了種種經濟問題。

當我們進一步深入藍染土布更關鍵的技術層面時，將會發現藍染布背後的藍靛染料，在清末的歷史進程中扮演了重要角色。

為什麼方世玉喜歡在染坊中打鬥

我們先從一位頻頻出現於電影銀幕上的清代大俠談起，他就是方世玉。

那些年我們看過的「方世玉」系列武俠影片中，染坊成了大俠們快意恩仇的競技場。場景中往往擺放著各種染缸，掛著各色布料，正邪兩派的高手借助懸掛的布匹飛上躥下，甚至還會拿起一段藍色布料，甩打兩下，布料也成了一根應用自如的兵器。有時為了增加鏡頭效果，還會安排一方失利跌落染缸，濺起數丈湛藍飛沫。這種染坊中的對決，已成為香港武俠電影中的經典橋段。

然而，方世玉並不是真實的歷史人物，他最早出自一本名為《聖朝鼎盛萬年青》（以下簡稱《萬年青》）的清末演義小說。遺憾的是，該書的作者沒有留下自己的名字。

這本小說主要以清代乾隆皇帝下江南為背景，講述乾隆帝如何懲治貪官、褒揚良善的故事，但小說的一條暗線是清末廣東豪傑之間的一段恩怨。小說中提到，大俠方世玉出生於一個賣綢緞、布匹的商人家庭。有一天，他救了一個被人打傷的青年，名叫胡惠乾。胡惠乾原先在一家廣東的機房（也就是織布、染布的工廠）裡工作，卻被外來的機工（織布、染布的工人）毆打成重傷，失去了工作。方世玉護送胡惠乾前往少林寺學藝，學成下山後，通過打擂台的方式，擊敗了占據機房的惡霸，並奪回了染坊。

有趣的是，《萬年青》的主人公們都有著相似的出身背景。比如，方世玉出身於一個經營布匹的商人世家，而胡惠乾更是和織布、染布的作坊有著直接的聯繫。

為什麼這部武俠小說如此偏愛染坊場景？這還要從清代藍靛生產的人口格局說起。

湘黔地區晾曬藍布的場景。

大約從元代起，中國開始大面積種植棉花，然後棉布取代麻布成為紡織業的主流產品。白色的棉布容易髒，所以需要染成更深的顏色。在所有顏色的染料當中，藍靛的著色和固色效果與棉布結合得最好。所以，藍草種植和藍靛製造業，成為明、清兩代的重要產業。

藍草種植在中國南方非常普遍，但自明代晚期以來，引進了甘蔗等價值更高的經濟作物，本著因地制宜的原則，藍草就和甘薯等新來的糧食作物，逐漸從水暖條件較好的平原農田，向兩廣地區東部和北部的山區擴展。兩廣北部以及湘、贛南部連綿的山地丘陵中，生活著許多山區人口，他們在藍草種植北移的浪潮中抓住機遇，開始大量種植藍草，生產藍靛。慢慢地，藍靛生產逐漸成為山區人口控制下的壟斷產業。在這個過程中，甘薯、土豆等糧食作物對人口的增長也起到了一定的催化作用。

大約在清代中期以後，出售藍靛的山區人口有了資金，開始向外轉移資本。被資金和糧食催生出的大量移民，開始源源不斷地向平原地區滲透。以藍靛生產為業的山區移民，搬到珠三角的平原後，便直接進入他們最熟悉的紡織、染布行業。而這也讓《萬年青》裡的方世玉和胡惠乾備感壓力，於是他們決定武裝捍衛自己的傳統行業。

帝國的縮影

事實上，《萬年青》反映的情況只是清末生產體系受到衝擊的冰山一角。一八四〇年，第一次鴉片戰爭以後，廣州等沿海口岸開始向英國等西方市場開放。第一波衝擊中國市場的產品，就包括來自英國的布料，人們稱為洋布。和中國本土生產的藍土布相比，它們的價格和色彩都更加有競爭力，因而對本土的紡織業造成了很大的打擊。

中國的藍色土布本來就存在著平原人口和山區人口的競爭，在被洋布搶去一大塊市場後，原本的內部矛盾進一步激化。生活在珠三角平原的紡織、染布工人，沒辦法阻擋洋布的進口，只能把矛頭對準來自山區的外來者，畢竟後者無論從人數還是勢力來講，似乎都比較容易對付。就像《萬年青》裡的故事一樣，方世玉、胡惠乾這些原來靠織布、賣布為生的人，就和平原上其他各縣的失業工人，組織成具有一定規模的行業群體，把矛頭對準了來自山區的外來者。

來自山區的移民，本身的經濟也受到洋布等外來貨物的衝擊。更要命的是，他們

廣西南丹瑤族女服。

還受到平原人群越來越強烈的排擠。藍色土布滯銷，隨之導致藍靛的生產與銷售接近停滯。由新開放商貿口岸引發的經濟蕭條，就這樣從沿海城市向著內陸山區不斷延伸。

於是，就在第一次鴉片戰爭結束，中國沿海市場開放十年之後，靠近廣東西部的廣西桂平縣，爆發了太平天國運動。而運動的主要組織者，就是來自兩廣山區的移民。他們中的很多人，原先就是在粵東山區種植藍靛、從事染布行業的普通農民。原本是山區和平原人口之間的小規模衝突，在中國開放通商口岸的背景下，被無限放大，成了橫跨南方大部分省份的大鬥爭。

藍靛與藍土布的生產下滑，其實只是中國本土產業所面臨的眾多遭遇之一。曾幾何時，那些為中國帶來白銀的出口產品，從茶葉到瓷器（受到印度茶葉、歐洲瓷器的衝擊），都在這一兩個世紀中失去了自身的地位。而外來靛農與當地居民之間的衝突，只是這場經濟危機在中國南方投射的一個縮影。

在無法緩解洋貨衝擊、本土產品日漸失去競爭力的局面下，太平天國運動本身又摧毀了南方數省經濟生產的人力、物力基礎，這給清朝本來便已入不敷出的經濟現狀帶來了更大的危機。

清政府最終平定了叛亂，但付出的代價也是巨大的。

事實上，平叛本身需要的經濟支出就讓清朝當局焦頭爛額。畢竟對一個江河日下的王朝而言，購買新式槍、炮、艦船也是很大的開支。全球化引發了清朝走向終點的噩夢，但這個全新的機制也給了清朝超越前人的選擇——向西方國家舉債，借債度日，總好過無米下鍋。當然，外來支援也是有代價的，比如更多的通商口岸，而這也會進一步擴大外來商品的衝擊。

以藍靛生產和紡織為代表的產業衰落，意味著清朝的財政收入也越來越少。於是，清朝一方面無錢還債，只能用土地租借權勉強償還西方債主；另一方面沒有經濟實力平息任何一場局部叛亂，哪怕叛亂最初的規模並不大。

就這樣，由藍靛種植和染布行業蕭條引發的連鎖反應，和清朝的命運徹底綁在了一起。而故事的結局，我們早就知道了。

靛藍與牛仔褲

十九世紀末，德國有個叫拜耳的化學家，發明了用苯胺為原料人工合成藍靛的方法，用這種方法製成的合成染料，被稱作「洋靛」。他後來還因為研究和分析了靛青、天藍、緋紅三種現代基本染素的性質與分子結構，對有機染料和氫化芳香族化合物的研究做出重要貢獻，獲得了一九〇五年諾貝爾化學獎。

二十世紀初，這種合成藍靛已經實現了工業化的批量生產。從此，不但洋布占據了中國的紡織市場，外來染料也搶奪了本土天然染料的空間。民國時，中國本土藍靛生產已經基本退出了產業化的序列，只在西南地區的部分山區還有生產。

今天西南地區的布依族、苗族蠟染和白族紮染，所使用的藍染和藍靛製作工藝，便是一個世紀之前占據中國主流市場的藍色布料生產技藝的遺跡。這些技藝並非西南民族所獨有，只不過在最近兩百年的開埠潮流衝擊下，東部地區的相似手工業率先接受了時代的洗禮。

不過，關於中國藍靛和藍染布的故事，還有一個好的結局。就在鴉片戰爭爆發前

貴州麻江瑤族蠟染頭帕。

後，美國加州的淘金潮開始興起。一個名叫李維·斯特勞斯的德國移民，看到工人的衣衫襤褸、容易弄髒，便用帆布為他們製作了世界上第一條藍色牛仔褲。牛仔褲的藍色，就是用化學合成的藍靛染製的。帆布和藍色的設計使得牛仔褲經久耐穿，成為勞動階層驕傲的象徵。在之後的一百五十多年裡，牛仔褲成為世界服飾中最流行的款式。

而中國輕工業從二十世紀的九〇年代起，重新出發起步，也開始工業生產合成藍靛。現在，中國作為最重要的世界加工廠之一，全球百分之七十以上的合成藍靛和牛仔布面料都來自中國。雖然這些染料不再如往昔來自中國南方的山區，但從十九世紀中國國門打開的那天起，藍靛產品就見證了中國融入世界的全部進程。

通過物質文化重新認識中國

在本書接近尾聲之際，我們通過藍靛製品的前世今生，對清代中國的命運起伏有了全新的認識，也讓我們對物質產品的生產與古代中國的發展脈絡有了更全面的瞭解。

從武俠電影《方世玉》的情節中，我們看到，藍靛和藍染布的生產改變了兩廣地區的人口結構。當清末中國被迫打開國門時，外來洋布衝擊了本土市場，使山區移民感受到了來自本地和外界的雙重壓迫。在這種壓力下，他們選擇了武裝抗爭的方式，最終動搖了清朝的統治。

事實上，同樣的機制也迴響在本書一以貫之的中國歷史進程中。從史前時代直到近代中國，古人們追求的每一種產品，每一項外力援助，都對生產與消費的雙方造成了巨大影響。

商代晚期諸王用玉石作為貨幣，購買周人的效忠與軍事服務，也使自身的糧食源源不斷地流向周人，當周人壯大之際，也就註定了商王朝的終結。繼承商朝的周人，在追求銅礦原料的道路上，由於無法擺脫對馬匹的需求，把未來留給了秦漢帝國。而這兩個古代王朝，並沒有就此離我們而去，它們在告別歷史舞台的同時，也將對玉器和青銅器的推崇，寫入了中國人的文化基因。

秦漢王朝對域外世界的嚮往，召喚起中國文化最底層中對「神仙」之境的嚮往。雜糅了「仙人」與「先人」觀念的博山爐，燃盡了秦漢帝國的積蓄，也打開了幫助後者登天的不歸路。當神仙從遠方來到中原邊境時，他們不小心遺落了羽衣，變成了東漢護烏桓校尉墓葬壁畫上「胡市」中的騎士。

為了讓騎士們為己所用，漢地王朝再度傾盡所有。然而，這些流入北方營帳的錢糧，除了滋養了一個龐大的游牧帝國外，還留下一個孱弱的魏晉社會。當魏晉名士不堪北伐帶來的賦稅壓力時，行雲流水的草書，成為他們遁身仙境的咒語。與此同時，另一種與其有著共同起源的觀念，則以相反的形態，幫助北朝建立了一個現實的神仙之境。佛教的現實王國，不但將北魏皇帝的容貌留在了大同通往塞外的山崖上，也為中國的再度統一貢獻了宗教現實主義的力量。

很快，隨著隋唐帝國的建立，這種力量重新以消費主義的形式，推動了中國王朝的新一輪交替。茶葉的適時出現，讓這份佛教留給中國的遺產，對後世產生了兩種殊途同歸的影響：一方面，它成功挽救了安史之亂後，陷於馬匹和縑帛雙重供應不足的唐朝經濟；另一方面，茶葉貿易，也給宋代留下了遼國和西夏，這兩個因茶馬貿易而崛起的異姓兄弟。

宋代出現的私家園林，彷彿一種象徵，代表了時代的氣質。在宋代，它猶如四周缺乏伸展空間、經濟上捉襟見肘的國家，圈住了國內最好的知識份子，使他們只能在山水畫作中，追求陶情的林泉。在元代，這種象徵形式恰好翻轉過來，上進無門的知識份子重新聚集在園林之中，唯一不同的是，這一次他們把幻想的仙境在街衢中建造出來。當所有失望的知識分子都躍入仙境，元朝的統治便隨之瓦解。

不過，對於明朝而言，元朝留下的記憶又是情懷滿滿。為了重現蒙古帝國的物質網路，西歐航海家與鄭和一同為打通歐亞大陸的海洋之路做出了嘗試。新航路的開闢，將美洲白銀運到中國這個巨大的銀窖中，不但為明代的江南園林增添了許多傢俱陳設，還令財富源源不斷地流入東北部落的營地。明朝的絲綢、茶葉以及白銀，以糧食的形式又一次鼓舞了北亞的人口增長，而這些物質產品也為滿洲的首領打通了來自歐亞草原西部的火槍與火炮之路。

從此以後，控制東亞財富流動的開關，已被那只被稱作「全球化」的無形之手掌控。正是它的操作，導致了清代中國經濟從停滯到下滑的轉變，最終陷入了收不抵支的困境。正如全球化給清朝帶來的難題，這個全新的機制也包含著問題的答案。隨著中國重新掌握藍靛化學合成技術，中國藍靛和牛仔布面料的生產，也在二十世紀末重新占據了國際市場。那麼中國的再次復興，又會給自身和周邊帶來什麼新的契機呢？我們拭目以待！

通過這本書，我們重新認識了中國的文物與文化，它們作為古人生產和消費的產物，深深楔入了中國的歷史進程中。這個事實也一再啟發我們，只有通過與世界的交流，才能重新認識並鞏固傳統。不但對於中國藍染布的故事應當如此，對於其他文化遺產也應如此。只有將這些收入博物館的古老文化，還原到它們本來生長的社會環境之中，我們才有機會真正瞭解它們，並重新打開審視歷史脈絡的新視角。

《如果文物會說話》的十二章內容，到此就全部結束了，希望這些簡單但不乏趣味的內容，能讓你在瞭解每一類「器物」的來龍去脈之後，更加熱愛博物館，熱愛歷史和文化。

參考書目

楊伯達，《巫玉之光：中國史前玉文化論考》，上海，上海古籍出版社，二〇〇五年。

劉森淼，《玉璧作為一種上古貨幣》，收入《湖北錢幣專刊總第一期》，一九九九年。

林東華，《良渚文化研究》，杭州，浙江教育出版社，一九九八年。

裘士京，《江南銅研究——中國古代青銅銅源的探索》，合肥，黃山書社，二〇〇四年。

蓋山林，《和林格爾漢墓壁畫》，呼和浩特，內蒙古人民出版社，二〇〇七年。

祁小春，《邁世之風：有關王羲之資料與人物的綜合研究》（下篇），北京，文物出版社，二〇一二年。

陳寅恪，《金明館叢稿初編》，北京，生活・讀書・新知三聯書店，二〇〇一年。

王家葵，《陶弘景叢考》，濟南，齊魯書社，二〇〇三年。

宿白，《中國石窟寺研究》，北京，文物出版社，一九九六年。

張焯，《雲岡石窟編年史》，北京，文物出版社，二〇〇六年。

[日]石松日奈子，《北魏佛教造像史研究》，[日]筱原典生譯，北京，文物出版社，二〇一二年。

孫洪升，《唐宋茶葉經濟》，北京，社會科學文獻出版社，二〇〇一年。

江西省輕工業廳陶瓷研究所編，《景德鎮陶瓷史稿》，北京，生活・讀書・新知三聯書店，一九五九年。

中國矽酸鹽學會，《中國陶瓷史》，北京，文物出版社，二〇一一年。

陳傳席，《山水畫史話》，南京，江蘇美術出版社，二〇〇一年。

[美]高居翰，《中國繪畫史》，李渝譯，北京，生活・讀書・新知三聯書店，二〇一四年。

于安瀾編，《畫史叢書》（第四冊），上海，上海人民美術出版社，一九六三年。

施耐庵，《水滸傳》，北京，中華書局，二〇〇九年。

童寯，《江南園林志》，北京，中國建築工業出版社，二〇一四年。

彭一剛，《中國古典園林分析》，北京，中國建築工業出版社，一九八六年。

陳高華，《元史研究論稿》，北京，中華書局，一九九一年。

[德]古斯塔夫・艾克，《中國花梨傢俱圖考》，薛吟譯，北京，地震出版社，一九九一年。

[德]貢德・弗蘭克，《白銀資本——重視經濟全球化中的東方》，劉北成譯，北京，中央編譯出版社，二〇〇八年。

[蘇]H＝沙斯季娜，《十七世紀俄蒙通使關係》，北京師範大學外語系七三級工農兵學員、教師譯，北京，商務印書館，一九七七年。

季永海、劉景憲譯編，《崇德三年滿文檔案譯編》，瀋陽，遼沈書社，一九八八年。

[西班牙]帕萊福等，《韃靼征服中國史》，何高濟譯，北京，中華書局，二〇〇八年。

周偉華、黃志繁，《明清時期流民與粵東北山區開發》，載《嘉應學院學報》（哲學社會科學版）第二十六卷第一期，二〇〇八年。

劉平，《被遺忘的戰爭——咸豐同治年間廣東土客大械鬥研究》，北京，商務印書館，二〇〇三年。

本書部分圖片來源：

徐湖平主編，《古玉菁華：南京博物院玉器館展品選萃》，南京，南京博物院，二〇〇〇年。

李建偉、牛瑞紅編著，《中國青銅圖錄》（下），北京，中國商業出版社，二〇〇〇年。

陳永志等主編，《和林格爾漢墓壁畫孝子傳圖摹寫圖輯錄》，北京，文物出版社，二〇一五年。

劉正成主編，《中國書法全集》（十八卷），北京，榮寶齋出版，一九九一年。

雲岡石窟研究院編，《雲岡石窟》，北京，文物出版社，二〇〇八年。

河北省文物研究所編，《宣化遼墓壁畫》，北京，文物出版社，二〇〇一年。

裘紀平，《中國茶畫》，杭州，浙江攝影出版社，二〇一四年。

中國古典書畫鑒定組編，《中國繪畫全集》（三—四），杭州，浙江人民美術出版社；北京，文物出版社，一九九九年。

藍先琳編著，《中國古典園林人觀》，天津，天津大學出版社，二〇〇三年。

王世襄編著，《明式傢俱珍賞》，北京，文物出版社，二〇〇三年。

中國人民革命軍事博物館編，《制勝之道：孫子兵法暨中國古代軍事文物精品展》，北京，文物出版社，二〇〇八年。

台灣史前文化博物館出品編輯委員會編，《藍色繽紛：中國西南少數民族藍染圖錄》，台東，台灣史前文化博物館，二〇〇六年。

歷史大講堂
如果文物會說話：打開博物館大門，看懂中國歷史

2021年4月初版
2022年2月初版第二刷

定價：新臺幣420元

著　　者　張經緯
叢書主編　李佳姍
特約編輯　宴子言
內文排版　朱智穎
封面設計　謝佳穎

出版者　聯經出版事業股份有限公司
地址　新北市汐止區大同路一段369號1樓
叢書主編電話　(02)86925588轉5320
台北聯經書房　台北市新生南路三段94號
電話　(02)23620308
台中分公司　台中市北區崇德路一段198號
暨門市電話　(04)22312023
台中電子信箱　e-mail：linking2@ms42.hinet.net
郵政劃撥帳戶第0100559-3號
郵撥電話　(02)23620308
印刷者　文聯彩色製版印刷有限公司
總經銷　聯合發行股份有限公司
發行所　新北市新店區寶橋路235巷6弄6號2樓
電話　(02)29178022

副總編輯　陳逸華
總編輯　涂豐恩
總經理　陳芝宇
社長　羅國俊
發行人　林載爵

行政院新聞局出版事業登記證局版臺業字第0130號

本書如有缺頁，破損，倒裝請寄回台北聯經書房更換。　ISBN 978-957-08-5748-1 (平裝)
聯經網址：www.linkingbooks.com.tw
電子信箱：linking@udngroup.com

原著作名：《博物館裡的極簡中國史》
本書由天津磨鐵圖書有限公司授權出版，限在台灣及新馬地區發行，

國家圖書館出版品預行編目資料

如果文物會說話：打開博物館大門，看懂中國歷史/
張經緯著．初版．新北市．聯經．2021年4月．272面．
14.8×21公分（歷史大講堂）
ISBN 978-957-08-5748-1（平裝）
[2022年2月初版第二刷]

1.中國史　2.文明史

610　　110004046